U0117532

陳福成著

陳福成著作全編

第七十七冊　英文單字研究

文史哲出版社印行

國家圖書館出版品預行編目資料

陳福成著作全編 / 陳福成著. -- 初版. --臺北
市：文史哲,民 104.08
　　頁：　公分
　　ISBN 978-986-314-266-9（全套：平裝）

848.6　　　　　　　　　　104013035

陳福成著作全編

第七十七冊　英文單字研究

著　　者：陳　　　福　　　成
出 版 者：文　史　哲　出　版　社
http://www.lapen.com.tw
登記證字號：行政院新聞局版臺業字五三三七號
發 行 人：彭　　　正　　　雄
發 行 所：文　史　哲　出　版　社
印 刷 者：文　史　哲　出　版　社
臺北市羅斯福路一段七十二巷四號
郵政劃撥帳號：一六一八〇一七五
電話886-2-23511028・傳真886-2-23965656

全 80 冊定價新臺幣 36,800 元

二〇一五年（民一〇四）八月初版

陳福成著作全編 總目

總　序

陳福成的一部文史哲政兵千秋事業

　　陳福成先生，祖籍四川成都，一九五二年出生在台灣省台中縣。筆名古晟、藍天、司馬千、鄉下人等，皈依法名：本肇居士。一生除軍職外，以絕大多數時間投入寫作，範圍包括詩歌、小說、政治（兩岸關係、國際關係）、歷史、文化、宗教、哲學、兵學（國防、軍事、戰爭、兵法），及教育部審定之大學、專科（三專、五專）、高中（職）等各級學校國防通識（軍訓課本）十二冊。以上總計近百部著作，目前尚未出版者尚約二十部。

　　我的戶籍資料上寫著祖籍四川成都，小時候也在軍眷長大，初中畢業（民 57 年 6 月），投考陸軍官校預備班十三期，三年後（民 60）直升陸軍官校正期班四十四期，民國六十四年八月畢業，隨即分發野戰部隊服役，到民國八十三年四月轉台灣大學軍訓教官。到民國八十八年二月，我以台大夜間部（兼文學院）主任教官退休（伍），進入全職寫作高峰期。

　　我年青時代也曾好奇問老爸：「我們家到底有沒有家譜？」

　　他說：「當然有。」他肯定說，停一下又說：「三十

八年逃命都來不及了，現在有個鬼啦！」

　　兩岸開放前他老人家就走了，開放後經很多連繫和尋找，真的連鬼都沒有了，茫茫無垠的「四川北門」，早已人事全非了。

　　但我的母系家譜卻很清楚，母親陳蕊是台中縣龍井鄉人。她的先祖其實來台不算太久，按家譜記載，到我陳福成才不過第五代，大陸原籍福建省泉州府同安縣六都施盤鄉馬巷。

　　第一代祖陳添丁、妣黃媽名申氏。從原籍移居台灣島台中州大甲郡龍井庄龍目井字水裡社三十六番地，移台時間不詳。陳添丁生於清道光二十年（庚子，一八四〇年）六月十二日，卒於民國四年（一九一五年），葬於水裡社共同墓地，坐北向南，他有二個兒子，長子昌，次子標。

　　第二代祖陳昌（我外曾祖父），生於清同治五年（丙寅，一八六六年）九月十四日，卒於民國廿六年（昭和十二年）四月二十二日，葬在水裡社共同墓地，坐東南向西北。陳昌娶蔡匏，育有四子，長子平、次子豬、三子波、四子萬芳。

　　第三代祖陳平（我外祖父），生於清光緒十七年（辛卯，一八九一年）九月二十五日，卒於（年略記）二月十三日。陳平娶彭宜（我外祖母），生光緒二十二年（丙申，一八九六年）六月十二日，卒於民國五十六年十二月十六日。他們育有一子五女，長子陳火、長女陳變、次女陳燕、三女陳蕊、四女陳品、五女陳鶯。

　　以上到我母親陳蕊是第四代，到筆者陳福成是第五代，與我同是第五代的表兄弟姊妹共三十二人，目前大約半數仍在就職中，半數已退休。

　　寫作是我一輩子的興趣，一個職業軍人怎會變成以寫

作為一生志業，在我的幾本著作都詳述（如《迷航記》、《台大教官興衰錄》、《五十不惑》等」。我從軍校大學時代開始寫，從台大主任教官退休後，全力排除無謂應酬，更全力全心的寫（不含為教育部編著的大學、高中職《國防通識》十餘冊）。我把《陳福成著作全編》略為分類暨編目如下：

壹、兩岸關係

①《決戰閏八月》 ②《防衛大台灣》 ③《解開兩岸十大弔詭》④《大陸政策與兩岸關係》。

貳、國家安全

⑤《國家安全與情治機關的弔詭》 ⑥《國家安全與戰略關係》 ⑦《國家安全論壇》。

參、中國學四部曲

⑧《中國歷代戰爭新詮》 ⑨《中國近代黨派發展研究新詮》 ⑩《中國政治思想新詮》 ⑪《中國四大兵法家新詮：孫子、吳起、孫臏、孔明》。

肆、歷史、人類、文化、宗教、會黨

⑫《神劍與屠刀》 ⑬《中國神譜》 ⑭《天帝教的中華文化意涵》⑮《奴婢妾匪到革命家之路：復興廣播電台謝雪紅訪講錄》 ⑯《洪門、青幫與哥老會研究》。

伍、詩〈現代詩、傳統詩〉、文學

⑰《幻夢花開一江山》 ⑱《赤縣行腳・神州心旅》 ⑲《「外公」與「外婆」的詩》、⑳《尋找一座山》 ㉑《春秋記實》 ㉒《性情世界》 ㉓《春秋詩選》 ㉔《八方風雲性情世界》 ㉕《古晟的誕生》 ㉖《把腳印典藏在雲端》㉗《從魯迅文學醫人魂救國魂說起》 ㉘《六十後詩雜記詩集》。

陸、現代詩（詩人、詩社）研究

㉙《三月詩會研究》 ㉚《我們的春秋大業：三月詩會二十年別集》 ㉛《中國當代平民詩人王學忠》 ㉜《讀詩稗記》 ㉝《嚴謹與浪漫之間》 ㉞《一信詩學研究：解剖一隻九頭詩鵠》 ㉟《囚徒》 ㊱胡爾泰現代詩臆說 ㊲王學忠籲天詩錄。

柒、春秋典型人物研究、遊記

㊳《山西芮城劉焦智「鳳梅人」報研究》 ㊴《在「鳳梅人」小橋上》 ㊵《我所知道的孫大公》 ㊶《孫大公思想主張手稿》 ㊷《金秋六人行》㊸《漸凍勇士陳宏》。

捌、小說、翻譯小說

㊹《迷情・奇謀・輪迴》 ㊺《愛倫坡恐怖推理小說》。

玖、散文、論文、雜記、詩遊記、人生小品

㊻《一個軍校生的台大閒情》 ㊼《古道・秋風・瘦筆》 ㊽《頓悟學習》 ㊾《春秋正義》 ㊿《公主與王子的夢幻》 (51)《洄游的鮭魚》 (52)《男人和女人的情話真話》 (53)《台灣邊陲之美》 (54)《最自在的彩霞》 (55)《梁又平事件後》。

拾、回憶錄體

(56)《五十不惑》 (57)《我的革命檔案》 (58)《台大教官興衰錄》 (59)《迷航記》 (60)《最後一代書寫的身影》 (61)《我這輩子幹了什麼好事》 (62)《那些年我們是這樣寫情書的》 (63)《那些年我們是這樣談戀愛的》 (64)《台灣大學退休人員聯誼會第九屆理事長記實》。

拾壹、兵學、戰爭

(65)《孫子實戰經驗研究》 (66)《第四波戰爭開山鼻祖賓拉登》。

拾貳、政治研究

　　⑥《政治學方法論概說》　⑱《西洋政治思想史概述》
　　⑲《中國全民民主統一會北京行》、⑳《尋找理想國：
　　中國式民主政治研究要綱》。

拾參、中國命運、喚醒國魂

　　㉑《大浩劫後：日本 311 天譴說》、《日本問題的終極
　　處理》　㉒《台大逸仙學會》。

拾肆、地方誌、地區研究

　　㉓《台北公館台大地區考古・導覽》　㉔《台中開發史》
　　㉕《台北的前世今生》　㉖《台北公館地區開發史》。

拾伍、其他

　　㉗《英文單字研究》　㉘《與君賞玩天地寬》（別人評
　　論）　㉙《非常傳銷學》　㉚《新領導與管理實務》。

　　我這樣的分類並非很確定，如《謝雪紅訪講錄》，是
人物誌，但也是政治，更是歷史，說的更白，是兩岸永恆
不變又難分難解的「本質性」問題。

　　以上這些作品大約可以概括在「中國學」範圍，如我
在每本書扉頁所述，以「生長在台灣的中國人為榮」，以
創作、鑽研「中國學」，貢獻所能和所學為自我實現的途
徑，以宣揚中國春秋大義、中華文化和促進中國和平統一
為今生志業，直到生命結束。我這樣的人生，似乎滿懷「文
天祥、岳飛式的血性」。

　　抗戰時期，胡宗南將軍曾主持陸軍官校第七分校（在
王曲），校中有兩幅對聯，一是「升官發財請走別路、貪
生怕死莫入此門」，二是「鐵肩擔主義、血手寫文章」。
前聯原在廣州黃埔，後聯乃胡將軍胸懷，「鐵肩擔主義」
我沒機會，但「血手寫文章」的「血性」俱在我各類著作
詩文中。

人生無常，我到六十三歲之年，以對自己人生進行「總清算」的心態出版這套書。

回首前塵，我的人生大致分成兩個「生死」階段，第一個階段是「理想走向毀滅」，年齡從十五歲進軍校到四十三歲，離開野戰部隊前往台灣大學任職中校教官。第二個階段是「毀滅到救贖」，四十三歲以後的寫作人生。

「理想到毀滅」，我的人生全面瓦解、變質，險些遭到軍法審判，就算軍法不判我，我也幾乎要「自我毀滅」；而「毀滅到救贖」是到台大才得到的「新生命」，我積極寫作是從台大開始的，我常說「台大是我啟蒙的道場」有原因的。均可見《五十不惑》、《迷航記》等書。

我從年青立志要當一個「偉大的軍人」，為國家復興、統一做出貢獻，為中華民族的繁榮綿延盡個人最大之力，卻才起步就「死」在起跑點上，這是個人的悲劇和不智，正好也給讀者一個警示。人生絕不能在起跑點就走入「死巷」，切記！切記！讀者以我為鑒！在軍人以外的文學、史政有這套書的出版，也算是對國家民族社會有點貢獻，對自己的人生有了交待，這致少也算「起死回生」了！

順要一說的，我全部的著作都放棄個人著作權，成為兩岸中國人的共同文化財，而台北的文史哲出版有優先使用權和發行權。

這套書能順利出版，最大的功臣是我老友，文史哲出版社老闆彭正雄先生和他的夥伴們。彭先生對中華文化的傳播，對兩岸文化交流都有崇高的使命感，向他和夥伴致上最高謝意。（台北公館蟾蜍山萬盛草堂主人　陳福成　誌於二〇一四年五月榮獲第五十五屆中國文藝獎章文學創作獎前夕）

書前說明——序

中國學生背英文單字是一大難題，而且是枯燥無味，有如嚼蠟，許多人因而產生「英文單字恐懼症」。幾乎所有留學或高等考試都要考英文單字，如何解決這個難題？

大多數的單字都可以從字頭（根）看出原始的本意，例如「Auto-」有自己、自動的本意，「chem-」有化學的本意，「Neo-」有「新」意。也有「象形文」字，如「OO」是卵。所以徹底瞭解單字的字頭、字根，是解決英文單字恐懼的不二法門。

字頭（根、尾）也有許多趣事可幫助判斷、理解，有利於記憶，如下列和十個數字有關：

一	mon, mono, uni
二	ambi, amphi, bi, di, du, duo, do-deca, twa, twe, twi, double.
三	tri, tre, ter, three.
四	quad, quadri, quadru, quar, quart, quater, tetra.
五	pent, penta, quin, quinqu, quin-que, quint.
六	sex, sexi, hexa.
七	hepta, sept, septi, septem.
八	oct, octa, octo.
九	nine.
十	deca, deci, hendeca.
百	cent, hectc.
千	kilo, mil, milli.
萬	myriad
億	giga, nano.

以下字頭（根）有內、下、次、中之意：

```
cis.（這邊）
endo,（內）
en, em.（之內，之中）
hypo（下，次，輕度）
inter（內，中，相互）
intra, intro·（內向）
pre（先，前）
retr, reto（向後，追溯）
sub（suc, suf, sug, sum, sup, sur,
    sum, sus）：下
under（下，少）
```

以下有上、外、超、過之意：

```
ect, ecto.（外的、外部）
ex, exo.（向外，外部）
ep, epi.（上，外）
extra, extro.（外，範圍以外）
hyper.（上，超過）
preter.（超，過）
pro.（向外，前，代理）
super, supra.（上，超過）
tra, trans.（越過，貫通，轉移）
ultra, ultim.（越過，界外）
```

死背英文單字是很笨的方法，不僅費力，又很快容易忘記。從英文字的字源、結構去理解字頭、字根、字尾是最徹底的辦法。

目前市面上也有教人背英文單字的書籍，聲稱有「捷徑」可走；有「偷吃步」的辦法；亦有所謂背英文單字的補習班，說一小時可背數百字等。凡此，都是「合法的廣告」，騙死人不償命；就算可以，也是數日就忘了，何用之有？

事實上，任何學問想要得到根本，有用的基礎，只有下真功夫、打硬底子，從科學方法入手。世間一切知識，有科學法則，而任何法則都有例外，是知識，也是常識！

本書整理出英文單字200多個法則，專為破解英文字之用，提高中國學生的識字、判斷能力，可順利讀懂英文書籍、報章等。

深入熟讀並理解本書，雖不能為你解決所有英文問題，但能為你「破解」不少根本性的問題，讓你打敗英文單字，從此不再對英文單字存有恐懼感。

世界語言都在趨向簡化，才能久存，不會消失，未來的世界，只須要用一些單字，就能和全世界溝通。

英文單字研究
——英文單字終極記憶法

目錄

A 之部

1. a-：(pref) 有四種變化之意義

(一) on, to, in, into 等意多 (ad) (a)

ab'ack (ad) 向後

ab'aft (ad) (prep)：在…後。在船屋。

ab'eam (ad) 向正側方，對著船舷。

ab'ed (ad) 在牀上

abl'aze (ad) (a) 燃燒著，激昂

abl'oom (ad) (a) 開花

abl'ush (ad) (a) 臉紅

ab'oard (ad) (prep)：在船上。（機，車可）

ab'orning (ad)：生產中，剛要生。

abr'oad (ad) 在國外，傳播，外出。

abr'east (ad) 並行，並肩。（breast 胸）

abr'oach (ad) (a) （桶）開口。吐露。傳播。

ab'uzz (ad) 喳喳（等）地。活潑地。

ad'own (ad) 向下，朝下。

ad'rift (ad) (a) 浮著，漂泊。

af'ar (ad) 在遠方

af'ear(e)d (a) 恐懼的

af'ield (ad) 在野外，離鄉背井。

af'ire (ad) (a) 燃著，激動。

afl'ame (ad) (a) 熾燃，臉紅。

afl'oat (ad) 浮著，漂著

afo'ot (ad) (a) 徒步，進行中。

af'ore (ad) (prep) (conj)：在前方。

afr'esh (ad) 重新，再。

aft (ad) 在船屋。

ag'aze (ad) (a) 瞪視，注視。

ag'round (ad) 在地上，擱淺。

ah'ead (ad) 在前，佔先，勝於。

aj'ar (ad) 微開，不調和。

akin (a) 同種，同族，同類的。

al'ee (ad) 向下風。（lee：(n) (a) 下風，背風）

aw'eather (ad) 迎風，向風。

al'ight (a) (ad) (vi) 降，著陸，燒

著。

al'ike ⓐ 一樣。

al'oft ⓐⓓ 在上，在高處。（loft
ⓝⓥ 樓上，向上打）

al'one ⓐⓐⓓ 孤單，僅。

al'oof ⓐⓓ 遠離，離開。

alow ⓐⓓ 在船底。

am'id=amidst ⓟ𝓇ⓔⓟ 在其中

amidships ⓐⓓ 在船中部。

am'iss ⓐⓐⓓ 差錯，不適點。

anew ⓐⓓ 重新，再，另。

ap'ace ⓐⓓ 急，速。

ap'art ⓐⓓ 分離，分開地。
(apartheid ⓝ 種族隔離政策)。

asl'ope ⓐⓐⓓ 斜著。

asfir ⓐⓐⓓ 騷動，興奮。

ath'irst ⓐ 渴望。

athw'art ⓐⓓ ⓟ𝓇ⓔⓟ 極過，逆，不
順。

awe'igh ⓐⓓ 離開海底。

awr'y <ara'i> ⓐⓐⓓ 歪，曲，
錯。(wry ⓐ)

(二)同 ab-.ad-多成 ⓥ，如

av'ert ⓥⓣ 避開。

---

asc'end ⓥ 昇高，溯回。 ↔de-
scend.

(三)not, without 之意。（另同
an-，略）

---

abnormality ⓝ 不正常，畸形
（人、物）。

ac'ephalous ⓐ 無頭的，群龍無
首的。

achromatize ⓥ 無色，消色。

aclinic ⓐ 無傾角的。

ac'otyl'edon ⓝ 無子葉植物。

agamic, agamous ⓐ 無性（生
殖）的。

agamogenesis ⓝ 無性生殖。

am'enorrh'ea, -rhoea ⓝ 無月經。

a·mit'osis ⓝ ⓕ 無絲分裂，直接
核分裂。

a·moral ⓐ 超道德，與道德無
關。
（im·moral：不道德）。

a·morphism ⓝ 無定形，無組
織，虛無主義。

an'androus ⓐ 無雄蕊的。

anarchy ⓐ 無政府。

anarthrous ⓐ 無關節，無冠詞的。

an'astigmat ⓝ 無收差透鏡。

an·hydride, -drid ⓝ 無水物、酐。

a·nomally ⓝ 不規則，反常。

an'·oxia ⓝ 缺氧症。

an·ur'esis ⓝ 無尿（症）。

apathy ⓝ 冷漠，無感覺。

a·p'etalous ⓐ 無花瓣的。

a·ph'asia ⓝ 失語症。

a·phelion ⓝ 遠日點↔perihelion

a·pheliontr'opic ⓐ 背光性（heliotropic：向光性的）。

a·phonia ⓝ 失聲（症）。

a·phyllous ⓐ 無葉的。

apnea · apno'ea 無呼吸。

apod ⓐⓝ 無足（動物）。

a·pteral ⓐ 無翅的，無側柱的。

a·pteryx ⓝ 鷸鴕（無尾無翅走禽，kiwi）

a·sepsis ⓝ 無菌（法）。

a·s'exuality ⓝ 無性（別）。

a·s'ocial ⓐ 無社交性的，自我中心主義的。

a·stomatous ⓐ 無口（氣孔）的。

a·st'ylar ⓝ 無柱式的。

a·symmetry ⓝ 不對稱，不均勻。

a·synchronism ⓝ 非同時性的。

a·taxia.ataxy ⓝ 運動失調（症）。

atheism ⓝ 無神論，不信神。

a·thermancy ⓝ 不透熱。

atonic ⓐ 無治力的，清音的。

a·vitamidosis ⓝ 維他命缺乏症。

a·zoic ⓐ 無生（無生物時代）的。

a·zonic ⓐ 非地方性的。

a·cyclic ⓐ 非循環式的。

avocation ⓝ 副業，職業。

㈣加強語氣，多成 ⓥ

aff'right ⓥⓝ 恐怖，驚駭。

aff'ront ⓥ ⓝ 公然侮辱（冒犯）。

a·m'eliorate ⓥ 改良、改善。

a·mend ⓥ 修正，改正。

a·r'ise ⓥ 興起，出現，起來。

補充：m'enses ⓝ ⓟ⓵ 月經

　　m'enstrua'tion ⓝ 月經（期間）。

　　m'enstrual ⓐ 月經的，每月的。

　　m'enstruate ⓥ 有月經。

　　m'enopause ⓝ 月經閉上，更年期。

2. ab-：「脫離」之意。

ab'andon：ⓥⓣ ⓝ 放棄，斷念，放縱。

'abdicate：ⓥ 放棄，讓位。

'aberr'ation：ⓝ 脫離常軌。

abj'ure <abdʒ'uə>：ⓥⓣ 發誓戒絕，放棄。

abl'ation ⓝ 切除，除去。

'ablact'ation ⓝ 斷奶。

'abnegate ⓥⓣ 放棄，自我犧牲。

ab'olish ⓥⓣ 廢止，廢除。

ab'ort ⓥ 打胎，流產，失敗。

abr'ade ⓥⓣ 擦傷，磨損，剝蝕。

'abrogate ⓥⓣ 廢除，取消。

abs'olve <əbz'ɔlv> ⓥⓣ 赦免，解除

ab ⓟⓡⓔⓟ：from 之意。

ab 'extra：從外面。

ab in'itio：從頭起。

ab ovo：從蛋起，從頭起。

補充：

g'estate ⓥⓣ 懷孕，創案。

conc'eive ⓥ 懷孕，構想，理解。

　　　　　ⓝ conc'eit, conc'eption.

part'urient ⓐ ⎫
　　　　　　 ⎬ 生產，分娩。
partu'rition ⓝ ⎭

gr'avid ⓐ 懷孕，妊娠的。

　　ⓝ grav'idity

pr'egnancy ⓝ 懷孕，豐滿

'Contrac'eption ⓝ 避孕（法）。

Contrac'eptive ⓐ ⓝ 避孕（劑）。

ab'ort ⓥ 墮胎，失敗。

　（ⓝ ab'ortion）

ab'orticide ⓝ 墮胎（藥）。

abo'rtifacient ⓐ ⓝ 流產（藥）。

ab'ortive ⓐ 流率，失敗的。

3. acr/acu/acro-：「最　高，尖端，尖的」之意＝ sharp

acrogen ⓝ 頂生植物（如鮮苔）

acrom'egaly ⓝ 先端肥大症。

acrophobia ⓝ 高處恐怖症。

sharp ⓐ 銳利的。

acrimonious ⓐ劇烈的。

acumen ⓝ敏銳。

acupuncture ⓥⓝ針灸。

> ### 4. ad-：「方向，變化，添加，增加」之意。
> 變形有：ac-：用於 c, k, qu 前。af-：＝ad-

add：ⓥⓝ增加，追加，附言。ⓝ：addition

add'endum：ⓝ補遺，附加物。

'add- on：ⓝ累計方式。

'adjunct ⓝⓐ附屬（物），助理。

'ad-l'ib：ⓥⓝⓐ即興表演。

'adscript：ⓐ後記的。（script ⓝⓥ抄寫，原本）。

ads'orb：ⓥ吸附。

aff'iliate：ⓥⓝ加入，結交，收養，加盟。

aff'ix ⓥⓝ附言，簽（名），附加（物）。

aff'orest ⓥⓣ造林。

acc'ede：ⓥⓘ依從，加入，參加，繼承。

acc'elerate：ⓥ加速，促進。

'access：ⓝ接近，晤面，附加。

acc'essory：ⓐⓝ補助，屬品，從犯。

acc'ompany：ⓥⓣ附隨，陪伴。

accr'ete：ⓥⓐ黏著（物），共生，增加。

acc'ultur'ate ⓥ文化改觀，社會化。

acc'umulate：ⓥⓣ儲積，貯存。

> ### 5. aero-：「空氣，空中，航空」之意
> air-：美國常用。

其結合字約有五十餘個如：

'aerobe＝aer'obium ⓝ好氧性生物。

aerodon'etics ⓝ滑翔術（學）。

aerogram ⓝ無線電報，航空信。

aer'ography ⓝ氣象學。

'aerology ⓝ高空氣象學。

aeron'autics ⓝ航空學。

aeronomy ⓝ（高空）氣流物理學。

'aerophot'ograph ⓝ航空攝影學。

'aerosphere ⓝ大氣層。

'aerodyne ⓝ重航空機。（dyne ⓝ

力量單位）

'aerostat ⓝ 輕航空機。

'aerostatics ⓝ 空氣靜力學，航空學。

6.「Afro-」「Afri-」：「非洲」之意。
Ag-, Act-：「做」

'Afro-Asi'atic='Hamito-Se'mitic ⓐ 亞非的。

'Africa ⓝ 非洲

'Afrik'aans ⓝ 南非洲荷蘭語

'Afro-'Asian ⓐⓝ 亞洲（人民）

'Afro-Am'erican ⓐⓝ 美國黑人。

補充：

'agent 經理人，做～的人。

a'genda 議事程表。

actor 行動者。

'agile 敏捷的。

s'emite ⓝ 閃族（猶太，阿拉，亞述，巴比等）。

sem'itic ⓐⓝ 閃族（語）

s'emitism ⓝ 閃族人氣質。

s'emito-Ham'itic ⓐ 閃族，哈姆族。

7. Ambi-：「兩側，周圍」之意。

ambid'exter ⓐⓝ 兩手俱利，懷二心（人）。

ambiguity ⓝ 曖昧，含糊話。

ambis'extrous ⓐ 兩性服裝，男女共參集會。

'ambit ⓝ 周圍，範圍，境界。

amb'ition ⓝ 雄心，野心，ⓥ 熱望。

ambit'endency ⓝ 正反意向並存。

ambiv'alonce ⓝ 正反（愛恨）感情並存。

ambiv'ersion ⓝ 內外兩向性個。

8. amphi-：「兩，兩種，圓形」之意。

amph'ibian ⓐⓝ 兩棲（動，植，車，機等）。

amp'hibia ⓝ 兩棲類。

'amphib'ology ⓝ 曖昧，模稜之言詞。

'amphig'ouri ⎱ ⓝ 無意義，而滑稽
'amphigory ⎰ 的文章。

'amphim'ixis ⓝ 兩性混合，交配。

a'mphisb'aena <'æemfisb'i:nə> ⓝ 兩

頭蛇，無足蜥蜴。

'amphith'eater ⓝ 圓形劇場，鬥技場。

9. ana-：「上，後，再」之意
an-：「無」之意；= ad-

anac'onda ⓝ 無毒蟒蛇，巨蟒。

an'aerobe <æn'ɛoroub> ⓝ 厭氧生物。

'analg'esia <'ænældʒ'i:ziə> ⓝ 無痛覺（症）。

an'androus ⓐ 無雄蕊的。

anarchism ⓝ 無政府主義。

an'emia ⓝ 貧血症。

anabaptism ⓝ 再洗禮（教，派）。

an'achronism ⓝ 時代錯誤，落後事物。

adadromous ⓐ 溯河性的。

an'aphora ⓝ 重複法（文）。

ac'ephalous ⓐ 無頭的，群龍無首的。

acatyledon ⓝ 無子葉植物。

同 ad-的如下，

ann'ex ⓥ ⓝ 附加，併吞。

10. Anglo-：「英國」之意；
anim：生命，心靈。

annu, enni：年；anthrop 人

Anglo-American ⓐ 英美的，ⓝ 英裔美人。

'Anglom'ania ⓝ 親英，醉心英國。

'Anglom'aniac ⓝ 親英國（人）

'Anglophile ⓝ 親英派的人。

'Anglophobe ⓝ 反英份子。

'Angloph'obia ⓝ 反英，恐英病。

'annals 編年史，年報，年譜。

annual 每年的

ann'uity 年金，養老金。

anniversary 週年紀念日。

Anno Domini 西元（A.D.）

annals ⓝ 歷史

animal 動物

animate ⓥ 使有生氣

inanimate ⓐ 無生命的。

Magnan'imity 偉大，寬仁。

philanthropist 慈善家

misanthrope 厭世者

11. anti-：「反對，對抗，排斥」之意。ant-=anti

ant'acid ⓐⓝ 制酸劑。

ant'agonize ⓥ 反抗，反對，中和。

antaphrod'isiac：ⓐⓝ 制淫劑

Ant'arctica ⓝ 南極大陸。

anti-較多，約有百餘字，如：

　antiaircraft ⓐ 防空的。

　'antibi'otic ⓐⓝ 抗生（素）。

　antibody ⓝ 抗體。

an'ticipate ⓥ 預期，期待，提前。

antidote ⓝ 解毒劑，矯正法。

ant'ilogy ⓝ 前後矛省。

ant'inomy ⓝ 矛盾。

antipr'oton ⓝ 反質子。

anti-s'emite ⓝ 反猶份子。

ant'ithesis ⓝ 對照，正相反。

12. apo-：「遠離，從，離開」之意。

ap'ocalypse ⓝ 天啟，啟示。

　the A-=the Revelation 啟示錄（新約中一書）

Ap'ocrypha ⓝ 經外書，偽經（書）。

a'pog'ean ⓐ 遠地點的。

'apogee ⓝ 最高點，頂點。←→perigee

'apol'une ⓝ 遠月點。←→perilune

ap'ostasy ⓝ 叛黨，變節。

'apothem ⓝ 邊心距離。

13. arch-：「第一位，首位，大」之意。「弓形，拱」之意。
　archi-：上者變形；「原」之意。
　arche-, archeo-；「古老」之意。
　-arch, -archy 字尾，是「統治」之意。

archb'ishop ⓝ 總主教，大主教。

arch'angel ⓝ 大天使

architecture ⓝ 建築（術，學，物）。

archd'uchy ⓝ 大公國。

arche'ology ⓝ 考古學

= archae'ology

archaism ⓝ古語（體，風）

'archer ⓝ射手，弓術家。

'archw'ay ⓝ拱道，拱路。

'archw'ise ⓐⓓ成弓形。

arch ⓥⓝ　弓，拱（形），拱門（道）。

monarch ⓝ君王，主權者（指人）

monarchy ⓝ君權，君主國

archetype ⓝ原型

14. arti-, arthro-, arthri-：「關節」之意。

arbor 樹木。

arthr'it is ⓝ關節炎

'arthropod ⓝ ⓐ節肢動物

art'icul'ation ⓝ關節，節，音節

a'rbor ⓝ　樹 木。（另：涼亭，軸）。

Arbor Day 植樹節。

'arbor'aceous,　arb'oreal、arb'or- eous, 'arbor'escent　ⓐ　樹 木（狀）的。

arbor'escence ⓝ樹木狀，樹質。

arbor'etum ⓝ植物園。

'arboriculture ⓝ樹木的培植。

b'otany ⓝ植物學。

b'otanize ⓥ植物研究。

bot'anical garden 植物園。

15. aster-, astro-：「星，天體」之意。
-aster：「小…爛」等輕視意義。

'asterisk ⓝⓥ星形物。

'asteroid ⓐⓝ小游星，海星類。

astrobi'ology ⓝ太空生物學。

astr'ologer ⓝ占星家。

astr'ology ⓝ占星學（術）。

'astrosp'ace ⓝ宇宙空間。

astr'onomy ⓝ天文學，星學。

astr'onomer ⓝ　天文學家。

astronavig'ation ⓝ太空航行。

astran'autics ⓝ太空航行學。

astr'ometry ⓝ天體測定。

poetaster ⓝ打油詩人

astrodome ⓝ（飛機上的）天體觀測室。

astrolabe ⓝ 觀象儀。

astrom'eteor'ology ⓝ 天體氣象學。

astronaut ⓝ 美國太空人。

（Cosmonaut：蘇聯太空人）

16. audio-, audi-, aud-, audit-：「聽」之意↔Video

'audience ⓝ 聽眾，觀眾，謁見。

'audiophile ⓝ 愛玩高級音響的人。

audiphone ⓝ 助聽器。

'audit ⓝⓥ 審核，決算，旁聽。

audition ⓝⓥ 聽（力，試聽）。

'auditor ⓝ 聽者，查帳員，旁聽生。

'audit'orium ⓝ 聽（觀）眾席，禮堂。

'auditory ⓝⓐ 聽眾（席）。

audi'ology ⓝ 聽覺學。

audi'ometer ⓝ 測聽計。

'audio-visual ⓐ 視聽覺的。

'audible 可聽見的。

audit：稽核，檢查，旁聽生。

補充：

a'ural ⓐ 耳的，聽覺的。

a'uricle ⓝ 耳朵，耳狀部。

a'urist ⓝ 耳科醫生（專家）

aur'icular ⓐ 耳的，聽覺的，耳語的。

a'uriform ⓐ 耳狀的。

17. auto-：「自，自己」之意。

auto <ɔ':tou>：ⓝ 汽車，ⓥⓘ 開汽車去。～Court：汽車客棧。

'Autobahn ⓝ 高速汽車專用公路。

'autob'icycle
'autobike
'autoc'ycle } ⓝ 摩托車。

'autobi'ography ⓝ 自傳。

'autocade ⓝ 汽車隊伍。

'autoc'ephalous ⓐ 獨立，自立的。

'auto-changer ⓝ（唱機的）自動演奏裝置。

aut'ochthon <ɔːtɔ'kθən> ⓝ 土著（人，動植物）。

autoclave ⓝ 快鍋。

aut'ocracy ⓝ 專制政治。

'autodid'act ⓝ 自學者。

'auto'erotism ⓝ 自發性慾。

aut'ogamy ⓝ 自花受粉，自體生殖。

autog'enesis ⎫
　　　　　　　 ⎬ ⓝ 自生，單性生殖。
aut'ogeny ⎭

autograph ⓥⓝ 簽名，手稿。

autohypn'osis ⓝ 自我摧眠

aut'otomy ⓝ 自割（蜥蜴等）

aut'olysis ⓝ 自我分解

automat ⓝ 自動販賣（機，館）

18. azo- :「氮」的字首。

　同：nitro-, nitra-, nitri- :「硝酸，氮」意

'azob'enzene　 <'æzoub'enzi:n>、
　azob'enzol　 ⓝ 偶氮苯（氮化合物之一種）

azo dye 偶氮染料

az'ote ⓝ 氮（'nitrogen 的舊名）

n'itrate <'naitreit> ⓝ 硝酸（鹽，鉀，鈉）。

nitr'ation ⓝ 硝化，用硝酸處理。

n'itre, n'iter ⓝ 硝石

n'itride ⓝ 氮化物

n'itrific'ation ⓝ 氮化合，硝化作用。

n'itrite ⓝ 亞硝酸鹽。

n'itrobact'eria ⓝ 硝化菌

n'itrobenz'ene ⓝ 硝基苯

nitroc'ellulose ⓝ 硝化纖維

nitroch'alk ⓝ 硝酸銨鈣

n'itrogl'ycerin ⎫
　　　　　　　　 ⎬ ⓝ 硝化甘油。
n'itrog'lycerine ⎭

n'itrous ⓐ 氮的，硝石的。

B 之部

19. bene-：「善，幸　福」之意↔mal-、male-。

B'ened'icite ⓝ祝福，感謝。

bened'iction ⓝ——。

benef'action ⓝ施恩，施捨。

b'enefactor ⓝ施主，恩人。

b'enefice ⓝ聖俸，有俸聖職。

ben'eficence ⓝ善行，慈善。

benef'icial ⓐ －,－, 有利，有益的。

b'enefit ⓝⓥ －,－,－,－, 義演，年金。

benef'iciary ⓐⓝ————（人）。

ben'evolence ⓝ仁愛。

ben'igh ⓐ仁慈，溫和，良性的。

ben'ignancy ⓝ———。

ben'ignity ⓝ———。

b'enison <b'enizn> ⓝ祝福，祝禱。

20. Bi-：「二，兩，雙，重複」之意。

同：bin-：用於母音前。

b'ias ⓥⓝⓐⓐⓓ：交叉，斜，偏見，成見。

biathlon ⓝ兩項競賽。

bic'ameral ⓐ兩院制的。

bic'arbonate ⓝ重碳酸鹽。

b'iceps ⓝ雙頭肌，筋力。

bic'oncave ⓐ兩面凹的。

bic'onvex ⓐ兩面凸的。

b'if'ocal ⓝⓐ 雙重焦點透境，遠近兩用眼鏡。

bifo'liate ⓐ兩葉的。

b'ifurcate ⓥⓐ分叉，分歧。

'bigamy <b'igəmi> ⓝ重婚（罪）。

'bimane ⓝ兩手類動物。

bim'etalism ⓝ複本位制

b'iplane ⓝ雙翼飛機。

bis'ulfate, -phate ⓝ重硫酸鹽。

bis'ulfide ⓝ二硫化物。

b'inary ⓐⓝ 二要素合成物，雙子星。

b'inate ⓐ（植）雙生的。

bin'aural ⓐ 兩耳的，立體音的。

'binocle <b'inɔkl> ⓝ 雙眼望眼鏡。

bin'ocular ⓐⓝ──雙眼的。

'biped ⓐⓝ 兩足動物。

21. biblio-「書的，聖經的」之意。

b'ibliofilm ⓝ 圖書縮攝膠片。

bibli'ography ⓝ 書誌學，參考書目。

bibli'olatry ⓝ 書籍（聖經）崇拜。

bibliomancy ⓝ 聖經卦。

bibliomania ⓝ 藏書癖（狂）。

bibliophile ⎫
bibli'ophilist ⎭ ⓝ 愛書（收藏）家。

bibliopoly ⓝ 書籍（珍本）販賣。

'bibliopole ⓝ 書籍商（珍本）。

bibliotherapy ⓝ 讀書療法。

Biblist, B'iblicist ⓝ 聖經信仰者。

Bible ⓝ 聖經，經典。

補充：

scripture ⓝ 聖經，經典。

script ⓝ ⓥ 筆跡，原本，編劇。

scribe ⓥ ⓝ 抄寫。

22. bio-：「生命」的複合詞。

b'ioclim'atic ⓐ 有關生物與氣候的。

b'iodegr'adable ⓐ 生物所能分解的。

b'iodyn'amics ⓝ 生活機能學。

b'ioec'ology ⓝ 生物生態學。

bio'logy ⓝ 生物學。

b'ion'omics ⓝ 生態學。

bio'nomy ⓝ 生態學，生命學。

b'ioph'ysics ⓝ 生物物理學。

b'iost'atics ⓝ 生物靜力學。

b'iotechn'ology ⓝ 生物工學。

b'iom'etrics ＝ bio'metry ⓝ 壽命測定。

bio'nics ⓝ 生體工學。

b'iog'enesis ⓝ 生源論。

bio'graphy ⓝ 傳記，傳記文學。

b'iom'ass ⓝ 生物量。

b'iome ⓝ 生物群系。

b'ioplasm ⓝ 原生質。

b'iopsy ⓝ 生檢（法）。

b'ios'atell'ite ⓝ 生物衛星。

b'iosph'ere ⓝ 生物圈。

b'ios'ynthesis ⓝ 生合成。

bio'ta ⓝ （一地區，一時代的）生

物。

b'iotin ⓝ 維生素 H。

b'iotype ⓝ 遺傳因子型。

C之部

23. caco-：「惡，醜」結合詞↔Cal(l)-。

cacod'emon, Cacod'aemon ⓝ 惡靈，惡鬼，惡人。

caco'ethes ⓝ 惡癖，…狂。

cac'ography ⓝ 抄錯，誤寫，拙劣書法。

cac'ology ⓝ 措辭不當，發音不正。

cac'ophony ⓝ 雜音，不和協音↔euphony

24. cal(l)-：「美，善」結合辭↔Caco-
Cap-, Cip-, Cep-, Ceiv-：捉，拿，抓；Ced-, Ceed, Cess-, 走，屈服。

c'alisth'enics ⓝ 美容體操，柔軟體操。

call'igrapher, Call'igraphist ⓝ 書法家。

call'igraphy ⓝ 書法，善者，筆跡。

capture ⓥ ⓝ 擄掠（物，人）。

dec'eive ⓥ
dec'eit, deception ⓝ
} 騙

inc'ipient ⓐ
inc'ipience, inception ⓝ
} 開始、發瑞。

receive 領受，拿到。

conc'ede 讓步，承認。

proceed ⓥ
proceeding ⓝ
procedure ⓝ
process ⓥⓝ
} 進行，過程，處理。

recede ⓥ 退出，歸還。
Recession ⓝ——

25. corp-, corpor-, 肉，身體；cre-, cresc-, cret-：成長。Cred-：信任；cub-, cumb-：躺，臥；cur-, cours：跑，走。

'corpse 屍體。

'corpulence ⓝ 肥，胖。

corpuscle 小的身體→血球。

corporate 全體，團結。

crescent @漸長，ⓝ新月。

increase ⓥ ⓝ增長。

incubate ⓥ孵，籌劃，培養。

succ'umb, subc'umb：屈從。

credit ⓥ ⓝ信用，貸款，相信。

accr'edit ⓥ—，—，—委任。

credential ⓝ國書，證件，證明。

current @流行。

conc'ur：同意，一致，同時發生。

'concourse 合流，集合。

occ'ur 發生，想到。

rec'ur 再發生。

26. cardi-, Cardio- 「心臟」結合辭。

c'ardiao @ⓝ心臟的，強心劑。

c'ardiograph ⓝ心臟描計器。

c'ardiogram ⓝ心電圖。

c'ardio'logy ⓝ心臟學。

c'ardioscope ⓝ心臟境。

c'ardiovascular @心臟血管的。

cardiomy'opathy ⓝ心肌病。

card'it is <kaid'aitis> ⓝ心臟炎。

補充：myoc'ardial infarction 心肌衰弱（梗塞）

27. carbo-：「碳」之意的字首。

變形：Carbi-, Carbu-。

c'arbide ⓝ碳化物。

c'arboh'ydrate ⓝ 醣，碳水化合物。

c'arbon：ⓝ碳。

c'arbonate ⓥⓝ碳化，碳酸鹽。

c'arboniz'ation ⓝ碳化。

c'arbonize ⓥ碳化。

c'arbon'iferous ⓝ石碳紀（層）。

c'arbor'undum ⓝ 碳化矽，金剛砂。

c'arbon'ado ⓥ ⓝ 燒，烤，黑金剛石。

carbur'ation ⎱
c'arbur'etion ⎰ ⓝ使與碳化合。

c'arburet ⓝ ⓥ 碳化物，與碳化合。

28. cat(a), Cath-：「下，反，誤，全，側」之意。同：kata

cat'abolism ⓝ 異化，分解作用。

c'atachr'esis ⓝ 字或比喻的誤用。

c'ataclysm ⓝ 洪水，激變（社會）。

c'atacomb ⓝ 地下墓窖。

cat'adromous ⓐ 順流而下產卵

c'atal'epsis
c'atalepsy ⓝ 全身僵硬症，類癲。

cat'alysis ⓝ 接觸反應，催化反應。

cat'astrophe ⓝ 激變，大災難。

c'atac'orner ⓝ 對角線。

c'atholic ⓐ ⓝ 普遍寬容的，天主教徒。

c'athol'icity ⓝ 普遍寬容，天主教。

cath'olicize ⓥ 成天主徒，普遍化。

cat'optrics ⓝ 反射光學。

k'atab'atic ⓐ 氣流下降的。

k'at'abolism=Cat'abolism ⓝ 異化

29. cent-, Centi-：「百，百倍，百分之一」結合辭。

c'ental ⓝ 百磅。

c'enten'arian ⓐ ⓝ 百歲的（人）。

cent'enary ⓐ ⓝ 百年（紀念）。

cent'ennial ⓐ ⓝ 百年（紀念）。

cent'esimal ⓐ 1/100 的，百分（百進）的。

c'entiare=centare ⓝ 1 平方公尺。

c'entigrade ⓐ 百分度。

c'entigram ⓝ 公毫，兣

c'entil'iter ⓝ 公勺，立勺

cent'illion ⓝ 千的百乘，百萬百乘。

c'entime <s'antim> ⓝ 法郎的百分之一。

c'entim'eter ⓝ 公分，厘米。

centi-gram-second：C.G.S.公制

c'entipede ⓝ 蜈蚣。

c'entuple ⓥ ⓝ ⓐ 百倍。

cent'uplicate ⓥ ⓝ ⓐ 百倍。

cent'urion ⓝ 百夫長。

c'enturyⓝ百年，百個。

30. centro-：「中心」之意。
同：centra-, centu-。

centralⓐⓝ中心，重要的，電話總機。
～Asia：中亞細亞。
～powers：軸心國。
～treasury：中央金庫。
centr'alia：ⓝ中部澳洲。
centralismⓝ中央集權主義，向心性。
centr'alityⓝ向心性，中心。
centraliz'ationⓝ中央集權，集中化。

center=centreⓥⓝⓐ中央，中心。
centricityⓝ中心，中心性。
cent'rifugalⓐ離心的。
↔centripetalⓐ向心
centrifugeⓝ離心分離機。
c'entristⓝ（法國）中間派議員。

centroidⓝ圖心。
c'entrosomeⓝ中心小體。
c'entrosphereⓝ地核，中心球。

c'entraⓟⓛ, centrum：中心。

31. chem-, chemo-：「化學」之意。

c'hemicalⓐ化學的，ⓝⓟⓛ：化學製品。
c'hemisorbⓥ用化學方法吸收。
c'hemistⓝ化學家，藥商，藥劑師，（美：=druggist）
c'hemistryⓝ化學。
c'hemitypeⓝ化學製做。
c'hemoth'erapyⓝ化學療法。
chemosynthesisⓝ化學合成。

c'hemurgy <'kemə:dʒi> 農業化學。

32. chilo-：「唇」之意字首。
cepha-：「頭部」之意。

c'hilopod <'kailəpɔ'd> ⓝ 蜈蚣（centipede）之類。
ceph'alicⓐ頭，頭部的。
cephaliz'ationⓝ頭部集中化。

c'ephalopod ⓝ頭足類動物。

c'ephaloth'orax ⓝ頭胸部。

enc'ephalon ⓝ腦，腦髓。

encephalic ⓐ頭，腦的。

enc'ephalitis ⓝ腦炎。

補充：

c'ereb'ellum ⓝ小腦

c'erebrum ⓝ 大腦，腦。ⓐ：c'erebral

c'erebrate ⓥ思考。

c'erebrosp'inal ⓐ腦脊髓的。

33. chin-, chino-：「中國」之意。
同：Sino

china,china：中國，磁器。

c'hina <'kainə>=cinch'ona=c'hina bark 奎寧皮

chin'ee ⓝ (俗)：中國人

c'hinoiser'ie <'si:nwa:zər'i:>中國式

sinic ⓐ中國的。

s'inicism ⓝ中國風格（特性）。

s'inicize=s'inify ⓥ使中國化。

sin'ology ⓝ漢學。

sin'ologist, s'inologue ⓝ漢學家。

sinanth'ropus / peking man：北京人

mandarin ⓝ（中國的）國語，官吏，玩偶。

manch'u ⓐⓝ滿族（人，語）。

manch'uria ⓝ中國九省。

34. chlor-.chloro-：「綠，氯」之意。

chl'orate <kl'o:rit> ⓝ氯酸鹽。

chlor'ella ⓝ綠藻之一種。

chl'orine ⓝ氯＝ chl'orin。

chl'oric ⓐ氯的，含氯。

chl'orid=chl'oride ⓝ氯化物，漂白粉。

chl'oridize ⓥ氯化，用氯處理。

chl'orinate ⓥ用氯消毒。

chl'orin'ation ⓝ氯化，用氯處理。

chl'orite ⓝ亞氯鹽酸，綠泥石。

chl'oromyc'etin ⓝ綠黴素。

chl'orophyl, chlorophyll ⓝ葉綠素。

chl'oroplast ⓝ葉綠粒。

35. chrom(a,o)-：「彩 色」之 意。

ch'roma ⓝ色度。

chrom'atic ⓐ彩色的。

chrom'atics ⓝ色彩論（學）。

ch'romatid ⓝ染色分體。

ch'romatin ⓝ染色質。

ch'romatism ⓝ㊨ 色收差；㊧ 變 色。

ch'romatograph ⓝ套色版。

ch'romatophore ⓝ 色素胞，色素 體。

ch'romatrope ⓝ彩色旋轉板。

chrome ⓝ黃色，鉻，鉻黃。

ch'romo, ch'romol'ithograph ⓝ多彩 石印版。

ch'romogen ⓝ色原體。

ch'romolith'ography ⓝ多彩石印刷 術。

ch'romoph'otograph ⓝ彩色照片。

ch'romosome ⓝ染色體。

ch'romosphere ⓝ 彩層，彩球（太

陽四週）

ch'romotype ⓝ著色石版圖，彩色 照片。

36. chron-：「時間，年代」之 意。

chr'onicle ⓝ 年代紀，歷代志，議 事錄，敘述，新聞。

chr'onogram ⓝ紀年金石

chr'onograph ⓝ記時計。

chronology ⓝ 年代記（學），年 表。

chronometer ⓝ精密計時計。

chronometry ⓝ測時（法）。

chronoscope ⓝ極微測時器。

synchronize ⓥ同時發生。

anachronism ⓝ時代錯誤，不合時 宜。

補充：

gl'ottochronology ⓝ語言年代學。

par'achronism ⓝ 年 代 誤 記 （遲）。

37. circu-, circum-：「周，迴，周圍」之意。

circuit <s'əikit> ⓝ範圍，巡行，聯盟。

c'irculate ⓥ循環，流通。

c'ircum'ambience ⓝ周圍，環繞。

c'ircumb'endibus ⓝ委婉的說法。

circ'umference ⓝ圓周，周圍。

circ'umfluence ⓝ環流，迴流。

c'ircumf'use ⓥ四面澆灌，充溢。

c'ircumg'yrate ⓥ迴轉，周遊。

c'ircumj'acent ⓐ鄰接，周邊的。

c'ircumloc'ution ⓝ委婉，遁辭。

c'ircumn'avigate ⓥ 環遊世界，繞一週。

c'ircumn'utate ⓥ曲捲，曲繞。

c'ircumscribe ⓥ立界限，下定義。

c'ircumspect ⓐ周到，慎重。

c'ircumstance ⓝ環境，狀況，事實。

c'ircumst'antiate ⓥ詳細說，證明。

c'ircumv'allate ⓥ用城牆圍住。

c'ircumv'ent ⓥ 繞行，陷害，先發制人。

c'ircus ⓝ 特技，馬戲團，圓形廣場。

注意類似字：

c'irrus <sirəs> ⓝ 卷鬚，卷雲，觸毛。

c'irrostr'atus ⓝ卷層雲。

c'irroc'umulus ⓝ卷積雲。

38. cis, cide：殺，切。
cis-：「這 一 邊」之 意↔ trans-, ultra-。

cis'alpine ⓐ 阿爾卑斯山的這一邊的。

c'isatl'antic ⓐ大西洋的這一邊。

cism'ontane ⓐ山脈的這一邊。

suicide ⓝ自殺。

circumcise ⓥ去包皮。

incision ⓝ切口

homicide ⓝ殺人。

genocide ⓝ種族滅絕。

pesticide ⓝ除蟲劑。

insecticide ⓝ殺蟲劑。

rodenticide ⓝ滅鼠藥。

39. co-「共同，共通，相互」之意。

由 co-起頭的字約千餘，例舉典型如下：

coach ⓝ 公共汽車（馬車），客車，教練

coa'gent ⓝ 合作者，夥伴。

c'oal'esce ⓥ 合併，聯合，接合。

c'oali'tion ⓝ 一一結合。

c'obell'igerent ⓝ 共同參戰國。

c'o'ed ⓝ 男女同校中的女生，大學女生。

c'oeff'icient ⓐⓝ 合作，協力的，係數。

co'eval n ⓐ 同時代（的人）。

c'oex'ecutor ⓝ 共同執行人。
/igze/

c'ognate ⓐ ⓝ 同族，同源，親族。

coh'abit ⓥ 同居

coition ⓝ 交媾，性交。

c'olleague <'kɔli:g> ⓝ 同事。

c'ongener ⓐ ⓝ 同種類（人，物）。

c'ongruence ⓝ 一致，相合性，全等。

cons'entience ⓝ 一致，同意。
/səns/

cons'ociate ⓥⓝⓐ 聯合，結合。

coo'rdinate ⓥ ⓝ ⓐ 同等，同位，綜合。

cop'arcenary ⓝ 共同所有。

c'oterie ⓝ（社交上）同志，夥伴。

40. com-：「共，合共，全」之意。

同：con-, col-（下接 l 時），cor-

coll'aborate ⓥ 協力，合作，通敵。

coll'ective ⓐ ⓝ 共同，集體，集團。

comb'ine ⓥ 合併，聯合，合作。
ⓝ 企業聯營組織，黨徒。

c'omintern ⓝ 共產主義國際。

comm'ensal ⓐⓝ 共生，共餐的。

comm'ensurate ⓐ 同量，均等，通約。

comm'union ⓝ 共有，共享，教會。

comp'atriot ⓐ ⓝ 同國人，同胞。

comp'eer ⓝ 地位相等的人，夥伴。

compl'icity ⓝ 共謀，共犯，連累。

compot'ation ⓝ 共飲，聚飲，酒宴。

c'once'rt ⓥ ⓝ 合奏，協調。

conc'oct ⓥ 混合，調合，虛構，圖謀。

concord ⓝ 諧和，協定。

conc'omitant ⓐ ⓝ 相伴，共存。

congruence ⓝ 適合，一致，相同。

corpor'ation ⓝ 法人，團體。

41. contra-：「反對，逆，抗」之意
亦做 ⓐ ⓐⓓ, 常略作 con，反對論↔pro。

c'ontraband ⓐ ⓝ 走私（品）。

c'ontrac'eption ⓝ 避孕（法）。

c'ontrad'ict ⓥ 反對，矛盾，抗辯。

contradist'inction ⓝ 對照，區別。

contrapos'ition ⓝ 對置，對照。

contrar'iety ⓝ 矛盾（物）。
    /aiə/

c'ontrariness ⓝ 反對，矛盾，乖張。

c'ontrariwise ⓐⓓ 頑固，乖張地。

c'ontrary ⓐ ⓝ ⓐⓓ 反對，矛盾（命題）。

c'ontr'ast ⓥ ⓝ 對比，對照。

c'ontrav'ene ⓥ 違背，抵觸。

c'ontracl'ockwise ⓐ ⓐⓓ 反時針方向。
    =countercl'ockwise

42. counter-：「敵對，報復，相對，相反」之意。
可做 ⓥ ⓝ ⓐ ⓐⓓ，另做 ⓝ：計算器，櫃台，籌碼。

counteragent ⓝ 中和力，反對物。

counterblast ⓝ 逆流，猛烈的反對。

countercharge ⓥ ⓝ 反擊，反攻，反訴。

counterclaim ⓥ ⓝ 反訴。

counterc'oup=Counterblow ⓐ 反政變。

counterfeit ⓥⓝ@ 偽造，偽品。

counterfoil ⓝ 存根，票根。

counterins'urgency ⓝ 鎮壓暴亂。

counterint'elligence ⓝ 反情報。

countermarch ⓥⓝ 倒退，反轉。

countermine ⓥⓝ 反地道，將計就計。

counterplot ⓥⓝ 反計，將計就計。

countersign ⓥⓝ 口令，副署。

countervail ⓥ 補償，抵銷，使無效。

43. cosmo- 「宇宙，太空」之意。

c'osmodr'ome ⓝ（蘇聯的）人造衛星發射基地。

c'osmonaut <kɔzmənɔit> ⓝ 蘇聯太空人。（美國：a'stronaut）

c'osmop'olitan @ⓝ 世界主義者，四海為家的（人）。= Cosm'op-olite

c'osmor'ama ⓝ 世界風物照片展。

c'osmic @ 宇宙的。

c'osmism ⓝ 宇宙（進化）論。

c'osmos ⓝ 宇宙，和諧之體系。

cosm'ology ⓝ 宇宙論，宇宙哲學。

cosm'ography ⓝ 宇宙，世界（誌，學）。

cosm'ogony ⓝ 宇宙進化論（產生）。

44. cryo- ：「寒、低溫、凍結」的結合語。

cr'yogen <k'raiədʒən> ⓝ 冷凍劑

cr'yolite ⓝ 冰晶石。

c'ryost'at ⓝ 低溫保持器──'ther-mostat ⓝ 溫度調節器。

45. crypt-, crypto- ：「秘密，隱匿」字首。

cr'ypto <kr'iptou> ⓝ 秘密黨員，秘密贊同者。Crypt 另做地穴，地下室等。

cr'yptan'alysis ⓝ 密碼翻譯（解析）法。

cr'yptic @ 隱密，秘密的。～colo-ring 保護色。

cr'ypto-C'ommunist ⓝ 共黨秘密黨員。

c'ryptogam ⓝ隱花植物↔phanero-
　gam

cr'yptogram ⓝ密碼。

cr'yptograph ⓝ用密碼寫的信。

cr'yptonym ⓝ假名，匿名。（參：
　pseud, ps'eudonym）

46. cyt(o)-, -cyte：「細胞」結合詞。

cyt'ology ⓝ細胞學。

cyt'olysis ⓝ細胞溶解。

c'ytoplasm ⓝ細胞質。

補充：

Cell ⓝ密室，小房，墓，細胞。

C'ellular ⓐ細胞狀的。
　　/ju/

C'ellulated ⓐ細胞狀的=C'ellulous

C'ellulose ⓝ纖維素。

D 之部

47. de-：「離去，除去，低下，完全，反對」之意。

此類字甚多，代表如有：

deb'ar ⓥⓣ 排除，禁止，防止。

deb'ase ⓥⓣ 降低，變造。

deb'ate ⓥⓝ 辯論，爭論。

dec'amp ⓥⓘ 撤營，逃走。

dec'apitate ⓥⓣ 解雇，斬首，減弱。

dec'ay ⓥⓝ 腐敗，衰退。

dec'elerate ⓥ 減速 ↔ accelerate

decl'ine ⓥⓝ 謝絕，傾斜，低下，衰老。

decl'ivity ⓝ 傾斜，下坡。

dec'ollate ⓥⓣ 斬首，殺頭。

d'ecre'ase ⓥⓝ 減少，減退。

ded'uction ⓝ 減除，演繹法。

de-'emphasis ⓝ 不予強調。

def'eat ⓥⓝ 失敗，挫折。

def'ect ⓝⓥ 不足，缺陷，背叛。

def'er →

　延緩（=postpone）→ ⓝ def'er-ment.

　服從，敬意（to）→ ⓝ d'efer-ence.

defi'ance ⓝ 反抗，輕視。ⓥ：defy

def'oli'ate ⓥ 落下，除葉。

deg'enerate ⓥⓝⓐ 惡化，退化。

dem'ur ⓥⓝ 異議，反對。

depr'ave ⓥ 使惡化，腐敗。

d'eprecate ⓥⓣ 反對，抨擊。

d'esquamate ⓥⓣ ⓥⓘ 剩下，脫落。

det'ach ⓥⓣ 分離，派遣。

48. deca-：「十」之意。

d'ecade ⓝ 十年間，十。

d'ecagon ⓝ 十邊（角）形。

decagram, -gramme ⓝ 公錢（十公分）

decah'edron ⓝ 十面體。

d'ecaliter ⓝ 公斗（十公升）。

d'ecameter ⓝ 公丈（十公尺）。

d'ecastere ⓝ 十立方公尺。

d'ecalog, D'ecalogue：（摩西）

十誡。

=the ten commandments.

d'ecapod ⓐⓝ 十腳類（的）。

dec'athlon ⓝ 十項運動。

d'ecasyllable ⓝ 十音節（詩行）。

dec'emvirate ⓝ 十大法官的職位。

dec'emvir ⓝ 十大法官之一。

dec'ennary ⓐⓝ 十年間（的）。

dec'ennial ⓐⓝ 十年（的）紀念。

---

49. Deci-：「…的十分之一」之意；dict-：說，講。Doc-, Doct-教導；Duc-, Duct-領導。

d'ecil'iter ⓝ 公合（公升的十分之一）。

d'ecimalize ⓥ 十進法。

d'ecimate ⓥ 十選一，十殺（罰）一。

d'ecim'eter ⓝ 公寸（公尺的十分之一）。

d'ecistere ⓝ 一立方公尺的十分之一。

Contra'dict 反駁，矛盾。

dict'ate ⓥ 命令，指定。

dictation, dictator ⓝ 獨裁（者）。

diction ⓝ 語法，用辭。

dictionary 字典。

predict 預言，預知。

'docile 好教的，馴良的。

'doctrine 教條，主義。

'document 文件，證件。

conduct ⓥ 引導，指揮。

introduce 介紹，引入。

produce ⓥⓝ 生產，製造。

reduce 減，降，貶。

50.demi-：「半」，hemi-：「半」，semi-：「半，近乎，每兩次」。

d'emigod ⓝ 半神半人，神化的英雄。

d'emilune：ⓝ 半月形堡壘。

d'emitint ⓝ 中間色。

d'emisemiqu'aver ⓝ 三十二分音符。

補充：semiquaver ⓝ 十六分音符。

quaver ⓥⓝ 震動，震音，八分音符。

h'emic'ycle ⓝ 半圓形（鬥技場等）。

h'emipl'egia ⓝ 半身麻痺。

h'emid'emis'emiquaver：ⓝ 64 分音符。

hem'iptera ⓝ 半翅類。

h'emispher ⓝ 半球。

h'emistich ⓝ 詩的半句，半行。
/k/

51. semi-：「半，近乎，每…兩次」之意。

（同類字提前併列）

s'emia'nnual ⓐ 每半年（生）的
/nʒuəl/

s'emia'utomatic ⓐ 半自動的。

semic'ircle ⓝ 半圓（形）。
/sə/

s'emicl'assic ⓐ 準古典式（派）的。

semic'olon ⓝ 半支點。

s'emicond'uctor ⓝ 半導體。

semic'onscious ⓐ 半意識的。
/ʒəs/

s'emid'emis'emiq'uaver ⓝ 64 分音符。

s'emidet'ached ⓐ 半離式的。

s'emidia'meter ⓝ 半徑。

s'emidiu'rnal ⓐ 半天的，一天兩次。
/daiə:nl/

（di'urnal ⓐ 一日，白天。↔nocturnal）

s'emid'ocum'entary ⓝ 半記錄性電影。

s'emidome ⓝ 半圓形屋頂。

semifl'uid a ⓝ 半流體（的）。
/u:id/

semil'unar ⓐ 半月形的。

s'emiov'iparous ⓐ 半胎生的。

semip'arasite ⓝ 半寄生。

s'emip'ermeable ⓐ 半透性的。

semitransp'arent ⓐ 半透明的。

semitr'opical ⓐ 亞熱帶的。

semiv'owel ⓝ 半母音。
/vauəl/

補充：Sem'esterⓝ半學年。

52. di-：①「二，雙」之意。②同 dia-：「徹底，完全，離開，橫過」之意。③=dis- = dif-；「非，無，反 對，分離，除去，惡」之意。

d'iarchy <d'aiaiki>ⓝ兩頭政治。

dia'zoⓐ二氮化合物的。

dic'ephalousⓐ雙頭的。

dichl'orideⓝ二氯化合物。

dichotomy ⓝ 兩分，二分法，弦月。

dichroismⓝ兩向色性。

dicotyl'edonⓝ雙子葉植物。

dico'umarin ⓝ 雙香豆素（防血凝固劑）。

digamyⓝ再婚。

dig'astricⓐ二腹的。

d'igraphⓝ兩字一音。

diodeⓝ兩植管。

di'oxideⓝ二氧化物。

d'iphthong <d'ifθɔŋ>ⓝ雙重母音。

dipl'egiaⓝ雙側癱瘓。

d'iploc'ocusⓝ雙球菌。
/i/

d'iploidⓐⓝ雙倍性（的）。
/i/

d'ipteraⓝⓟⓛ：雙翅類。
/i/

divaricate ⓥⓘⓐ,分兩叉，分歧。

d'itheismⓝ善惡二神論。

div'erge ⓝ 分出，分離，發散↔converge

dil'emmaⓝ兩刀論法，左右為難。
/i/

53. di-, dia-：「徹底，完全的，離開，橫過（切）」之意。

d'iagnose <d'aiəgnouz> ⓥⓣ診斷。

d'iagn'osisⓝ診斷，特徵。

d'iagnost'ician ⓝ 診斷醫生（專家）。

d'ialect ⓝ 衍生語言，方言，措辭。

d'ial'ecticⓐⓝ方言，辯證的，辯證法。

d'ialyze ⓥⓣ透析。ⓝ：dia'lysis

d'iath'ermancy ⓝ 透熱性，傳熱性。

div'erge ⓥ分歧，分離。

div'ersion ⓝ逸出，轉換，娛樂。

div'ersity ⓝ相異，變化，多樣。

div'est ⓥⓣ剝奪，剩除。

div'ide ⓥ分配，分開，除。
 /i

div'orce ⓥⓝ離婚，分離。

54. dif-, dis-：「非，無，反對，分離，除去，惡」之意。

difference ⓝ差異，區別，爭論，差。

diff'use ⓥⓐ擴散，普及，冗長的。

digr'ess ⓥⓘ 離題，脫軌。

dil'apidate ⓥ毀壞，荒廢，浪費。

disab'use ⓥⓣ 解惑，省悟。

disaff'ection ⓝ 不滿，不平，背叛。

disb'ar ⓥⓣ 逐出法庭，剝奪律師資格。

disc'ard ⓥⓝ 拋出（物、牌），脫棄。

discl'aim ⓥ否認，放棄，拒絕。

disconc'ert ⓥⓣ 困惑，妨礙。

discord ⓝ不調和，不一致。

discr'epancy ⓝ 差異，矛盾，齟齬。

diseng'age ⓥ 使自由，解放，脫離。

disfr'anchise ⓥⓣ 褫奪公權。

disgrace ⓥⓝ不名譽，恥辱。

disg'ust ⓥⓝ厭惡，嫌棄

dism'ay ⓥⓣⓝ大恐慌，狼狽。

disobl'ige ⓥⓣ 無禮，薄情，不體貼。

disp'arage ⓥⓣ 毀謗，輕視。

disparate ⓐ不同，乖離，異類的。

disunion, disunity ⓝ 不統一，分裂。

55. dodeca-：「十二」；du-, duo-：「二」之意。

dod'ecagon ⓝ十二角（邊）形。

d'odecah'edron ⓝ十二面體。

d'uad ⓝ成對的東西=dyad

d'ual ⓐⓝ 雙數，二元，雙重（的）。

d'ualism ⓝ二元論，二神教。

d'ual-p'urpose ⓐ雙重目的。

du'et, due'tto ⓝ 二重唱（奏）。

d'uplex ⓐ 雙重，雙聯，複式的。

d'uplicate ⓥⓝⓐ 雙重，複寫，副本。

du'umvirate ⓝ 二人共職，二頭政治。

d'uod'ecimal ⓐⓝ 十二（分一，進位，單位）。

d'uod'ecimo ⓐⓝ 十二開（書）。

duod'enum ⓝ 十二指腸。

duoden'it is ⓝ 十二指腸炎。

d'uologue ⓝ 對話（劇）。

56. dys-：「惡化，不良，困難」之意。

d'ysentery <d'isəntri> ⓝ 疾痢

dysf'unction ⓝ 官能不良（障礙）。

dysg'enic ⓐ 非優生學的↔eugenic

dysl'exia ⓝ 難語症。（l'exicon：語彙）

d'yslog'istic ⓐ 責難的↔eulogistic

dysmenorrh'ea ⓝ 月經困難。
　　　　/ri:ə/

dysp'epsia,-sy ⓝ 消化不良，胃弱。

dysph'asia <disf'eigiə> ⓝ 言語障礙。

dysph'onia ⓝ 言語障礙。

dyspn'(o)ea <dispn'i:ə> ⓝ 呼吸困難。

dyspn'(o)eic <dispn'i:jk> ⓐⓝ 呼吸困難，氣喘。

dystrophy, dystrophia ⓝ 營養失調。

dys'uria ⓝ 排尿困難。

補充：ent'eric ⓐⓝ 腸（寒）。

enter'itis ⓝ 腸炎。

E之部

57. Ec-：「自然環境，生態」結合辭。
變形：eco-。
另解：=ex- =ef-：「從…向外，向外，完全，前」之意。

'eclogue ⓝ 牧歌，田園詩。
ec'ology ⓝ 生能學。
'econ'omics ⓝ 經濟學、經濟狀態。
ec'onomy ⓝ 經濟，理財，節用，合算。
ec'onomize ⓥ 節約，有效利用。
'ecos'ystem ⓝ 生態系統。

補充：ecb'olic ⓐⓝ 催生，流產，墮胎劑。
'eccentr'icity ⓝ 標新立異的行言。
eccl'esia'sticism ⓝ 教會萬能主義。
ecl'ectic ⓐⓝ 折衷，折衷學派。
'ecstasy ⓝ 得意忘形，忘我。

58. ect-, ecto-：「外的，外部的」之意的結合辭。

'ectoblast ⓝ 外胚葉。
'ectoderm ⓝ 外胚層，外層細胞。
'ectom'orphic ⓐ 外胚層構成的，虛弱的。
'ectoplasm ⓝ 外質，外皮層，靈氣。
'ect'ype <'ekt'aip> ⓝ 複製品，副本。

59. Ex-：「從‧‧‧‧向外，向外，完全，前」之意。
變形：ef-：用於 f 前。

此類字甚多，例舉如下：
eff'ect ⓝ 效果，影響，外觀，實行。
'efferent ⓐⓝ 排出，輸出。
'efficacy ⓝ 功效，效力。
eff'iciency ⓝ 效率，能力，實力。
'effluent ⓐⓝ 流出（物）。
'efflux ⓝ 流出（物），期滿。

eff'use ⓥⓐ流出，放出，吐露。

exceed ⓥ超過，優越，ⓝ：excess.

excl'ude (vt) 排除，除去。

ex-c'olony ⓝ前殖民地。

'excomm'unicate (vt) 逐出教會，開除。

excr'ete (vt) 排泄。

exf'oliate ⓥ脫剝，剝落。

exh'ale ⓥ吐出，蒸發，發洩。

'exit <'eksit> ⓝ出口，太平門，退場。

'ext'errit'ona'lity ⓝ治外法權。

'extrat'errit'ori'ality ⓝ治外法權。

'expurg'ation ⓝ削去，刪去。

exh'aust <igz'ɔːst> ⓝⓥ 耗盡，排出，詳論。

exp'atriate ⓥⓝⓐ放逐的（人）。

'exile ⓥⓝ放逐，流刑，亡命者。

exp'el (vt) 逐出，除名，發射。ⓝ：expulsion

60. electri-, electro-：「電」的結合辭。

el'ectric ⓐ電影；ⓝ電車。

electricity ⓝ電，電學。

el'ectrify (vt) 通電，電化。

electr'ician ⓝ電學家（技師）。

el'ectrobath ⓝ電解槽。

el'ectrochr'onograph ⓝ電計時器。

el'ectro-conv'ulsive therapy =el'ectroshock 電擊療法。

el'ectrocute (vt) 以電擊殺死。

el'ectrode ⓝ電極。

el'ectrodeposit ⓥⓝ電沉積（物）。

el'ectroenc'ephaogram ⓝ腦波圖。

el'ectrod'ynam'ometer ⓝ電流計。

el'ectrof'orm (vt) 電鑄。

el'ectrolyte ⓝ電解質（物）。

el'ectrometallurgy ⓝ 電冶金（術）。

el'ectron ⓝ電子。

electronics ⓝ電子工學。

el'ectroplate (vt) ⓝ電鍍（品）。

el'ectronarc'osis ⓝ 電氣痲醉（療法）。

61. em-, en-：①置於名詞前，形成「置於…之中（之上）」的動詞。
②置於名詞或形容詞前，形成「使成…」的動詞。
③置於動詞前，增添「在…中，在…之內」之意。

此類字甚多，例舉如下：

emb'ay ⓥⓣ 使（船）入灣，圍繞，關閉。

emb'ed ⓥⓣ 埋藏，深留。

emb'ody ⓥⓣ 具體化，體現。

emb'og <-ɔ> <-a-> ⓥⓣ 陷入泥沼。

emb'osom <imb'uzəm> ⓥⓣ 擁抱，懷抱，珍視。

embr'own ⓥⓣ 使成褐色。

emb'us ⓥ 乘登上大客車。

emp'ower ⓥⓣ 使能，授以權力。

emp'urple ⓥⓣ 使成紫色。

en'act ⓥⓣ 依成法令，扮演…角色。

enc'amp ⓥ 紮營，露營。

ench'ase ⓥⓣ 釀嵌，彫刻。

enc'ompass ⓥⓣ 圍繞，包圍。

enf'etter ⓥⓣ 上腳鐐，束縛。

enl'ist ⓥ 徵募，入伍。

ensl'ave ⓥⓣ 使成奴隸，俘虜。

ensh'rine ⓥⓣ 奉祀廟中，銘記（心中）。

ens'anguine ⓥⓣ 滿身染血。

ent'omb ⓥⓣ 埋葬，埋入墓中。

62. endo-：「內…」的結合辭↔exo。

endoc'ardium ⓝ 內心膜。

endocard'it is ⓝ 內心膜炎。
/ai/

'endocarp ⓝ 內果皮。

endoc'entric ⓐ 內心的。

e'ndocrine ⓐⓝ 內分泌的（物，腺）。

'endocrin'ology ⓝ 內分泌學。

'endoderm ⓝ 內胚葉，內皮層。

endod'ermis ⓝ 內皮。

end'ogamy ⓝ 同族結婚。

endogen ⓝ 內長莖植物，單子葉植物。

end'ogenous ⓐ 內生的，內因性的。

'endoscope ⓝ 內診鏡。

endolymph ⓝ內淋巴（液）。

endometritis ⓝ子宮內膜炎。

endop'aras'ite ⓝ體內寄生蟲。

'endophyte ⓝ內生植物。

'endoplasm ⓝ內質。

endosk'eleton ⓝ內骨骼。

'endosperm ⓝ內乳，胚乳。

end'osteum ⓝ骨內膜。

'endothelium ⓝ內覆組織。

endot'oxin ⓝ內毒素。

63. ep-=epi-：「上，其 上，外」之意。

'epicenter='epic'entrum ⓝ震央（震源正上方之點）

ep'enthesis ⓝ插字、插音。

ep'ergne <ip'ə:n> ⓝ餐桌中央的飾架。

ep'exeg'esis ⓝ附加說明。

eph'emera ⓝ生命極短促之物，蜉蝣。

eph'emerid ⓝ蜉蝣。

eph'emer'ality ⓝ 朝生暮死，短命。

'epiblast ⓝ外胚層。

'epic'anthus ⓝ蒙古內眥贅皮。

'epicarp ⓝ外果皮。

'epicycle ⓝ周轉圓

'epic'ycloid ⓝ 圓外旋輪線，外擺線。

e'pid'ermis ⓝ表皮，上皮。

'epig'astrium ⓝ腹上部。

'epiphen'omenon ⓝ附帶現象。

'epiphyte ⓝ附生植物。

'epith'elium ⓝ上皮，上皮細胞。

'epiz'oon ⓝ體外寄生動物（蟲）。

'episode ⓝ 插話，插曲，零零星星。

ep'istem'ology ⓝ認識論。

64. equa-, equi-：「相等」結合辭。

'equal <i:kæəl> (vt) ⓝⓐ等於，不亞於，同等的（人）。

equ'ality <i:kw'oliti> ⓝ同等。

'equab'ility ⓝ均等性，安定。

'equan'imity ⓝ平靜，鎮定。

equ'ate (vt) 使相等，使成等式。

equ'ation ⓝ 方程式，相等，平均。

equ'ator ⓝ 赤道，日夜平分線。

'equia'ngular ⓐ 等角的。

'eguid'istance ⓝ 等距離。

equil'ateral ⓐⓝ 等邊（形）。

equil'ibrate ⓥ 使平衡。
　　/ai/

equ'ilibrant ⓝ 平衡力。

　equin'octial ⓐⓝ 晝夜平分線，春秋分時，赤道附近（的）。
　Equinox　同

equipoise ⓥⓣⓝ 相稱，均勢。

equip'ollence ⓝ 均勢，等價。

equip'onderate ⓥⓣ 使相等，相稱。

equity ⓝ 公平，公正。

equ'ivalence ⓝ 相等，等價。

equ'ivocate ⓝ 用模稜兩可的話（詞）。

equivoque, equivoke ⓝ 雙關語。

65. ethni-, ethno-：「人種，民族」結合辭。

'ethnic <'eθn:k>：ⓐ 人種的，民族的。

ethn'ology ⓝ 民族學，人種學。

ethn'ogeny ⓝ 民族（人種）起源學。

ethn'ography ⓝ 民族誌學。

'ethnoling'uistics ⓝ 民族語言學。

'ethnopsych'ology ⓝ 民族心理學。

'ethnoc'entrism ⓝ 民族優越感。

　eth'ology ⓝ 人品論，動物行動學。
　'ethos ⓝ 民族精神，社會思潮。

以下四組字很類似，注意：
　'ethics ⓝ 倫理（學），道德，道義。
　'ethical ⓐ 倫理，道德上的。

　'ethnic ⓐ 人種，民族的。

'esthete <i:sθi:t> ⓝ 唯美主義者，審美家。

'athlete ⓝ 運動家，比賽者。
athl'etic ⓐ 運動的，比賽的。
athl'etics ⓝ 運動。

66. eu-：「優，美，善，良」結合辭。

'eucharist ⓝ 聖餐，聖體。

'eud(a)em'onia <ju:dimo'uniə> ⓝ 幸福

'end(a)em'onics ⓝ 幸福論。

eud'(a)emonism ⓝ 幸福論（主義）。

eug'enic ⓐ 優生（學）的。

eug'enics ⓝ 優生學。

eug'enist=eug'enicist ⓝ 優生學家。

e'ulogy ⓝ 頌辭，讚頌。=eul'ogium

eupepsia ⓝ 消化良好 ↔ dysp'epsia

e'uphemism ⓝ 委婉的說詞。

e'uphemize ⓥ 委婉說。

euphony ⓝ 美好的聲音。

euphonize ⓥⓣ 美化語調。

euphoria ⓝ 安樂感，陶醉。=euphory

e'uphuism ⓝ 華麗詞藻。

eurh'ythmics ⓝ 律動舞蹈體操。

euthan'asia ⓝ 安樂死。

euth'enics ⓝ 環境優生（改善）學。

67. euro-：「歐洲」之意

變體：eura-

e'urocr'at ⓝ（歐洲共同市場的）官員或職員。

e'uratom：歐洲原子能組織（european atomic community）

e'urop'ean common market 歐洲共同市場。

european economic community（：EEC）：歐洲經濟組織。

europeanism ⓝ 歐洲主義，歐風。

e'urov'ision ⓝ 調整西歐電視節目而設的國際性機構，總部在 Geneva

E'urod'ollarⓝ（存於歐洲非美國銀行的）美金。

68. extra-, extro-：「外的，範圍外的，在外」結合辭。

extr'act ⓝⓥ 粹選，熬出，抽出物。

extracurricularⓐ課外的。

extradite ⓥt（把犯人從外國）引渡。

extradosⓝ拱背。

'extraess'entialⓐ 離開本質的，非主要。

'extrajud'icialⓐ法律管轄以外的。

extralegalⓐ不受法律支配的。

extram'undane ⓐ 起越現世（宇宙）以外。

extram'uralⓐ牆外的，校外來的。

extraneousⓐ外的，無關無緣的。

extrapol'ationⓝ插補法。

extrasensoryⓐ超感覺的。

extraterr'estrial ⓐ地球（大氣圈）外的。

extrat'erritorialⓐ治外法權的。

extrau'terineⓐ子宮外的。

extravasateⓥ溢血，溢出。

extraveh'icularⓐ太空船外的。

extraversion、extrov'ersion ⓝ 外翻，外向任（人）。

補充：extricateⓝ解救，脫出。

exurbⓝ準郊區，遠郊。

exuviate <igzj'u:vieit> ⓥt 蛻皮。

69. exo-：「外部」結合辭↔endo-。

'exoc'entricⓐ外心的。

'exocrine <'eksəkrin> ⓐ 外分泌的。

'exodus ⓝ（人數大量的）出國，出發。

exo'gamyⓝ異族結婚↔endogamy

'exogen ⓝ 外長植物，雙子葉植物。

ex'onerateⓥ清洗，免罪。
 /gz/

'exophth'almos,-mus ⓝ 眼球突出（症）。

exo'rbitanceⓝ格外，太高。
 /gz/

'exorcise,-cize ⓥ 驅邪，驅逐。

ex'ordium ⓝ 緒言，緒論。

'exosk'eleton ⓝ 外骨骼，甲殼。

'exosm'osis ⓝ 浸出，外滲。

'exosphere <'eksousfiə> ⓝ 外氣層。

'exot'eric ⓐ 公開，顯教的 ↔
　'esot'eric

ex'otic ⓐⓝ 外來，舶來（品，語）
　/gz/

F 之部

70. fire：火的連接詞。

fire ⓝⓥ 火，點火，解雇，免職。

firebrand ⓝ 火把，放火者。

firebreak ⓝ 防火道（=fireguard.）

fire brigade 消防隊。

fire drill 消防演習。

fire engine 消防車。

fire extinguisher 滅火器。

Fire fighter, fireman：消防員。

fire Cracker 爆竹。

fire damp 沼氣。

fire dog=andiron ⓝ 薪架，柴架。

firedrake ⓝ 火龍。

fire-raising ⓝ 縱火。

fire-ranger ⓝ 國有林防火官。

fire screen 防火屏風。

firespotter ⓝ 森林火災監視員。

firewater ⓝ 火酒，烈酒。

firewood ⓝ 柴，薪。

firework ⓝ 烟火。

fire worship 拜火（教）。

補充

fem='feminine ⓐⓝ 女的，女性。

female ⓐⓝ 女的，女性，女人。

feme ⓝ 妻，已婚婦女。

femin'ality ⓝ 女性，女人特質。

feminism ⓝ 女權主義。

femme fa t'ale ⓝ 妖婦，孤狸精。

71. for-：「禁止，拒絕，過度」之意。
似：fore-：「先，前，預」之意。

f'orage ⓝⓥ 飼料，搜刮（糧草），搶劫。

foray ⓝⓥ 侵略，劫擄。

forb'ear ⓥ 節制，容忍。（或：=F'orebear）

forb'id ⓥⓣ 禁止，妨害，阻止。

f'orfeit ⓥⓝⓐ 被沒收，喪失，罰款（物）。

forgo ⓥⓣ 作罷，放棄。（或=for-ego）

f'ornicate ⓝ 通姦。

fors'ake ⓥⓣ 拋棄，丟棄，死心。

forsw'ear ⓥ 背誓，作偽誓，偽證。

ford'o ⓥⓣ 殺滅，使疲倦。

f'orearm ⓝ 前臂。ⓥⓘ 準備。

f'orebear ⓝ 祖先。

foreb'ode ⓝ 預兆，預感。

f'orec'ast ⓝⓥ 預報，預知。

fore'go ⓥ 先行，（或=forgo）

f'oreord'ain ⓥⓣ 預定命理，注定。

fores'ee ⓥⓣ 預知，看穿。

foreskin ⓝ 包皮。

forest'all ⓥⓣ 占先，壟斷。

f'oreground ⓝ 前景。

72. fac-, fact-, fect-, fic-：做，造：fer-，帶，攜。firm-：堅固；flect-, flex-：彎曲；flu-, flux-：流，流動。

frag-, fract-：打破。

fiction 小說，虛構。

infect ⓥ 感染，傳染。

manuf'acture 製造，捏造。

注意 affect ⓥ 影響，假裝，喜愛。
effect ⓥⓝ 實現，結果，影響。

confer 給予，商議。

transfer 移，搬，運。

aff'irm ⓥ 斷言，確定，證言。

con'firm ⓥ———。

inf'irm ⓐ 虛弱，有病。

deflect ⓥ 偏，歪。

flexible ⓐ 遏和，彈性，可彎的。

reflect ⓥ 反映，反省，反射。

fluency ⓝ 流暢。ⓐ fluent

fragile ⓐ 易碎的。

fraction ⓝ 片，零散。

fragment ⓝ 碎片。

inf'ringe ⓥ 破壞，侵犯。

73. franco-：「法國」之意。同：Gallo-

fr'anco-Am'erican ⓐⓝ 法裔美人（尤指加拿大者），美法間的。

francophile,-phil ⓐⓝ 親法的人。

fr'ancoph'obe ⓐⓝ 反（厭）法國的（人）。

franglais <fra:ngli:> ⓝ 法文裡通用的英文字句。

g'allom'ania ⓝ 法國狂，醉心法國。

g'allophil ⓝ 親法派。

gallophobe ⓝ 恐法病者。

galloph'obia ⓝ 恐法症。

g'allican ⓐⓝ ㊋教會的，教宗權限制。

g'allicism ⓝ 法國語風，ⓥ gallicize

補：Frank ⓝ 法蘭克人（征服 Gaul 人建立法國），西歐人

g'aulish ⓐⓝ 高盧（人）。諧：法國人的。ⓐ：g'allic

g'aullist=deg'oullist 戴高樂派的人。ⓐⓓ：g'allice 用法語。

G 之部

74. gastro-「胃」的接合辭。同：gastr-

gastralgia ⓝ 胃痛。

g'astric ⓐ 胃的。～uicer 胃潰瘍。

gastr'it is ⓝ 胃炎。

gastroe'nteritis ⓝ 腸胃炎。

gastroe'nter'ology ⓝ 腸胃病學。

gastr'ology ⓝ 烹飪學。

> gastronome
> gastr'onomer ⓝ 美食家。
> gastr'onomist

gastr'onomy ⓝ 烹飪法，饞嘴。

gastropod ⓝ 腹足動物（如蝸牛）。

gastropt'osis ⓝ 胃下垂。

g'astroscope ⓝ 胃境。

補充：st'omach <st'omək> ⓝ 胃，食欲。

st'omatitis ⓝ 口腔炎。

stomat'ology ⓝ 口腔病學。

75. geo：「地球、土地」結合辭。

'geob'otany ⓝ 植物地理學。

geoc'entricism ⓝ 地球中心說。

geoch'emistry ⓝ 地球化學。

g'eode ⓝ 晶洞。

geo'desy ⓝ 測地學。

geo'gnosy ⓝ 地質學，岩石學。

geo'logy ⓝ 地質學，地質。

geo'graphy ⓝ 地理學，地理，地誌。

g'eom'agnet'ism ⓝ 地磁氣學，地磁氣。

g'eomancy ⓝ 土占。

ge'ometry ⓝ 幾何學。

g'eomorph'ology ⓝ 地形學。

geo'phagy=dirteating：食土症。

g'eoph'ysics ⓝ 地球物理學。

g'eop'olitics ⓝ 地緣政治學。

geor'ama ⓝ 空心大圓內的巨景。

ge'orgic ⓐⓝ 農業的，田園詩。

g'eost'atic ⓐ 地壓的。

g'eost'atics ⓝ剛體力學。

geostr'ophic ⓐ 因地球自轉引起的。

g'eoth'ermal,-mic：ⓐ地熱的。

ge'otropism ⓝ向地性。

補充：

globish ⓝ全球化英語。

76. giga- 「十億」結合辭。

gigantic ⓐ巨大，驚人的，

　　　　ⓝ：giant

gig'antisim ⓝ巨大畸形症。

gigaton ⓝ十億噸。

77. graph-：「圖表」之類的東西。
-graphy：「書法，寫法，記法，誌…」之意。

graph ⓝ圖表，座標圖。

　　　ⓔ 膠板。

gra'phic, gra'phical ⓐ生動的。

gra'phics ⓝ製圖法（學）。

gr'aphome ⓝ字形。

graph'ology ⓝ筆跡字，圖表法。

graph'ologist ⓝ筆相家。

gra'photype ⓝ白堊版。

phon'ography ⓝ速記，表音文字，留聲機製造法。

ph'onograph ⓝ電唱機。

photo'graphy：ⓝ照相術。

bibliography：ⓝ 書誌學，圖書目錄。

georgaphy：ⓝ地理學

p'hotograph ⓝ照片，照相。

photo'ographer ⓝ 照相館，攝影師。

p'hotoli'tho
photol'ithograph ⎱ ⓝⓥ影印石版

photolith'ography ⓝ影印石版術，照相平版。

78. graeco-, greco- 「希臘」結合辭。
grad-, gress-：舉 步，走；grav-：重。

g'raecism <g'ri:sizəm> = grecism ⓝ 希臘風格（精神）。

g'raecize=G'recize ⓥ希臘化，譯成

希臘語。（=Grecise）

G'recian ⓐ 希臘式的；ⓝ 希臘學家。

Greco-Roman ⓐ 希臘羅馬式的。

Greece ⓝ 希臘（王國）。

Greek ⓐⓝ 希臘（的，人，語），騙子；～gift：圖謀害人的禮物（指 Troy）

aggression 進攻，侵略。

gradual ⓐ 漸漸的。

graduate ⓥⓝ 漸變，畢業（生）。

progress ⓥⓝ 進步。

grave ⓐⓝ 重要，嚴肅，墓。

'aggravate ⓥ 加重，惡化。

gravitate ⓥ ⎫
gra'vity ⓝ ⎬ 重力，莊重。

grav'imeter 比重計。

grav'idity ⓝ 懷孕。

79. gym 體育館，體操。

gymkh'ana <dʒimk'a:nə> ⓝ 競技場，運動會，比賽。

gymn'asium <dʒimn'eizi'əm> ⓝ 體育館，體育學校。

g'ymnast ⓝ 體育家（教員）。

gymn'astic ⓝ ⓐ 體育，體操（的）。ⓝ→gymn'astics

gymn'osophist ⓝ 修行者，裸體主義者。

g'ymnosperm ⓝ 裸子植物。

80. gyna-「婦女・雌」之意。同：gyne-, gyno-

g'ynaec'eum <g'ainisi':əm> ⓝ（古希臘羅馬的）閨房；gyno'ecium ⓝ 雌蕊。

g'ynaec'ocracy=g'ynec'ocracy ⓝ 婦女當政。=gyn'ocracy

gynaec'ology=gynec'ology ⓝ 婦科醫學。

gyn'androus ⓐ 雌雄兩蕊合生。

81. gyro-「環，旋轉」接合詞。

'gyrate <d'ʒaiərit> ⓐⓝ 旋轉。

gyration ⓝ 旋轉，（貝殼等的）旋滑

g'yratory ⓐ 廻旋的，旋轉的。

g'yre <dʒ'aiə> ⓝ ⓥⓣ 一，一，一。

gyri <dʒaiər'əi> (si)
g'yrus (pl) ⓝ迴轉。

g'yro=gyroscope=gyrocompass.

g'yroscope ⓝ迴轉儀，迴旋裝置。

g'yrocompass ⓝ迴轉羅盤。

g'yrograph ⓝ旋轉次數測度器。

gyr'oidal ⓐ螺旋形的。

g'yropilot ⓝ（飛機的）自動操縱裝置。

g'yroplane ⓝ旋翼機。

g'yrost'abilizer ⓝ迴轉穩定器。

H 之部

82. hagi-, hagio- 「神聖，聖徒」結合辭。

h'agiarchy ⓝ 聖人政治。

h'agio'cracy ⓝ 聖徒政治。

> h'agio'grapha ⓝ（聖經舊約中除律法，先知外）十三書
>
> hagio'grapher ⓝ 十三書的作者，聖徒傳作者。
>
> hagio'graphy ⓝ 聖徒傳，聖徒言行錄。
>
> hagio'logy ⓝ 聖徒文學，聖徒傳，聖徒錄。

補充：

s'acred ⓐ 神聖，奉獻的。

s'acrifice ⓝⓥ——聖餐。

s'acrament ⓝ————聖禮。

sacros'anctity ⓝ 至聖。

c'onsecrate ⓐⓥ 神聖，奉獻。

s'anctify ⓥⓣ 奉獻，神聖，淨化。

s'anctity ⓝ————。

83. hecto- 「百」「多數」的複合語。

h'ectogram（me）ⓝ 一百公克。

h'ectol'iter ⓝ 一百公升。

h'ectom'eter ⓝ 一百公尺。

h'ectare ⓝ 公頃（一百個 are,are 是 100 平方公尺，約 30.25 坪。）

84. heli-, helio-：「太陽」之結合詞。

heli'ography ⓝ 太陽面研究，反光通訊法，照相製版法。

h'eliograph ⓝ ⓥⓣ 照相製版，太陽攝影機，目光儀，反光信號機。

heliotrope ⓝ 反光器，反光信號機，天芥菜，血石。

heli'otropism ⓝ 向日性。

　　　　　　　ⓐ heliotr'opic

helioc'entric ⓐ 以太陽為中心的。

h'eliochrome ⓝ 彩色照相。

h'eliogram ⓝ 反光信號。

heliograv'ure ⓝ 凹版照相（術）。

heli'ometer ⓝ 太陽儀。

H'elios ⓝ 太陽神。

helioscope ⓝ 太陽觀測望遠鏡（裝置）。

heliostat ⓝ 日光反射裝置。

heliotherapy ⓝ 日光浴治療法。

heliacal ⓐ 太陽的，同太陽的。

helianthus ⓝ 向日葵。=sunfl'ower

ap'ollo ⓝ 太陽神，太陽，美男子。

補充：

solar 太陽的

sol'aria ⓝ ⓟⓛ ⎫

sol'arium ⓝ ⓢⓘ ⎬ 太陽鐘，日光浴室。

s'olar'ise, S'olarize ⓥ ⎫ 曝光，

solarisation, Solarization ⓝ ⎬ 感光。

solarism ⓝ 太陽中心說。

s'olar ⓐ 太陽的。

---

85. hemi-「半」之意。（準）同：demi-, semi-。

semif'inal ⓝ 準決賽。

h'emic'ycle ⓝ 半圓形（鬥技場，房間）

h'emid'emis'emiqu'aver：ⓝ 64 分音符。

（ ⓤ sixty-fourth note ）

h'empl'egia ⓝ 半身麻痺。

h'emipterous ⓐ 半翅類的。

h'emisphere ⓝ （地球，天的）半球。

h'emistich ⓝ （詩的）半句，半行。

d'emigod ⓝ 半神半人。

d'emilune ⓝ 半月形堡疊，ⓐ -nar

d'emisemiqu'aver ⓝ 32 分音符。

d'emitint ⓝ （顏色的）中間色。

semic'ircle, Semic'ircular ⓐ 半圓（形）的。

semicond'uctor ⓝ 半導體。

s'emid'emis'emiqu'aver ⓝ 64 分音符。

semidia'meter ⓝ （天體的）半徑。

semidiu'rnal ⓐ半天的。

s'emia'nnual ⓐ半年的。

s'emid'ocum'entary ⓝ 半記錄性電影。

semidome ⓝ半圓形屋頂。

s'emiov'iparous ⓝ半胎生的。

somip'arasite ⓝ半寄生。

semiqu'aver ⓝ 16 分音符。

（quaver ⓥ顫聲，ⓝ八分音符。）

86. hemo-「血」的結合詞（hemato-）

hemogl'obin ⓝ血色素。（=h'ematin）；hem'atic ⓐⓝ血的，淨血劑。

hem'olysis ⓝ溶血（紅血球受破壞而溶解）

h'emoph'ilia <h'i:məfiliə> ⓝ 血友病；hematology ⓝ血液學。

h'emophilia'c ⓐⓝ 血友病的（患者）；hemat'uria ⓐ 血尿（症）。

h'emorrhage ⓝ出血。

h'emorrhoids ⓝ ⓟⓛ 痔疾（=piles, ⓝ ⓟⓛ痔瘡）

h'emost'at ⓝ止血劑，止血鉗子。

ⓐⓝ：hemostatic

補充：

s'anguine <'seggwin> ⓥⓝⓐ血

s'anguinary ⓐ流血，好殺的。

ser'ology ⓝ血清學。

'serous ⓐ血漿狀的。

87. hendeca-「十一」的接合詞；her-,hes-：粘著。

hend'ecagon ⓝ十一角形。

h'endecasyll'abic ⓐⓝ 十一音節的（詩句）。

h'endecas'yllable ⓝ 十一音節的詩句。

adh'ere ⓥ
adhesion, adherence ⓝ
} 固執，黏著，墨守。

cohere ⓥ
coherent, Cohesive ⓐ
coherence, Cohesion ⓝ
} 凝聚，統一。

88. hepta-「七」的接合詞。
同：sept-, septi-, septem

s'eptan ⓐ 每隔七日再現的。

s'eptangle ⓝ 七角形

septenary ⓐⓝ 七的，七（個，年，
　夜）。

sept'ennial ⓐ 每七年的。

septet, Septette ⓝ 七重奏，七人
　組。

s'eptime ⓝ（擊劍的）第七式。

s'eptuagen'arian ⓐⓝ 七十歲的
　（人）。

s'eptuag'enary ⓐ 七十歲的。

s'eptuagint ⓝ 七十人編譯的聖經。

s'eptuple ⓥ ⓝⓐ 七倍。

h'eptachord ⓝ 七弦琴，七音音階。

h'eptagon ⓝ 七角形，七邊形。

h'eptad ⓝ 七個，七個成套之物。

h'eptah'edron ⓝ 七面體。

hept'ameter ⓝ 七步格。

h'eptarchy ⓝ 七頭統治，七國連
　盟。

the H'epturchy ⓐ 七王國。

h'eptateuch ⓝ 舊約聖經首七卷。

h'eptode ⓝ 七極真空管。

89. hexa-「六」的接合詞。
同：Sex-, Sexi-

h'exachord <heksəkɔːd> ⓝ 六音音
　階。

h'exad ⓝ 六，六個，六個一組，六
　價原子。

'hexagon ⓝ 六角形，六邊形。

h'exagram ⓝ 六芒星形。

h'exah'edron ⓝ 六面體。

hexa'meter ⓝⓐ 六步格的（詩）。

hexa'ngular ⓐ 六角形的。

h'exapod ⓐⓝ 六腳的，六腳蟲。

h'exasti'ch ⓝ 六行詩。

h'exateuch ⓝ 六書（舊約前六
　卷）。

s'exagen'arian ⓐⓝ 六十歲的
　（人）。

s'exag'enary=S'exagen'arian

s'exag'esimal ⓐⓝ 六十（進法，分
　數）。

s'excent'enary ⓐⓝ 六百年（紀
　念）。

sex'ennial ⓐⓝ 每六年的（紀念）。

s'exfoil ⓝ 六葉裝飾（植物）。

s'exp'artite ⓐ六分的（葉子）。

sext ⓝ第六時禱告儀式，禱告。

s'extan ⓐⓝ六日熱。

s'extant ⓝ六分儀，圓的 1/6。

sext'et(te) ⓝ六重唱（奏，組）。

s'exto ⓝ六開本。

s'extod'ecimo=16mo ⓝ十六開本。

90. hetero-「其他，異的」接合詞↔homo-

heterochr'omosome ⓝ 異形染色體。

heteroclit ⓐⓝ 不規則變化的（名詞）。

heterocyclic ⓐ不同環式的。

h'eterodox ⓐ非正統，異端的。

h'eterodoxy ⓝ異端↔orthodox。

heter'ogamous ⓐ世代交替的。

heterogen'eity ⓝ異種，異質。

h'eterog'enesis ⓝ 世代交替，異形生殖。

heter'ology ⓝ異形構造。

heteromorphic ⓐ 異形，完全變態的。

heter'onomy ⓝ他律性↔autonomy

h'eteronym ⓝ（同字的）異音異義字。

heteros'exual ⓐⓝ異性愛的（人）。

h'eterotaxis 　ⓝ內臟變位，

heterot'axy ⎫地層變位。

heterozygote ⓝ異質結合體。

補充：heresy ⓝ異放，異端。

heresiarch ⓝ異教首領。

91. homo-「同」的結合辭↔hetero-

h'omoeopath=h'omeopath ⓝ同種療法。

hom'ogamy ⓝ 同子生殖，雌雄同熟。

h'omogen'eity ⓝ 同種，同質，同次性。

h'omog'enesis ⓝ純一發生。

hom'ogenize ⓥⓣ 均質化。

h'omograph ⓝ同形異義字。

h'omolog ⓝ相同事物，同族體。

hom'ologate ⓥⓣ 承認。

homo'logize ⓥ 相應，一致，相同。

hom'ology ⓝ 相同，相似（性）。
h'omonym ⓝ 同音異義字，同名人。
h'omophone ⓝ 同音字。
hom'ophony ⓝ 同音異義，同音。
hom'opterous ⓐ 同翅類的。
h'omos'exual ⓐⓝ 同性戀的（人）= homo
homosexua'lity ⓝ 同性戀。
h'omoz'ygote ⓝ 同質接合體。

h'omo ⓝ 人（學名）。
Homo S'apiens <s'eipienz> 人類，理性人。
h'ominid ⓝ 原始人類。

92. hydra-, hydri-, hydro-「水，氫」結合詞。

hydra ⓝ 九頭蛇，水蛇，水螅。
hydr'angea ⓝ 水仙花屬（參 narc-）
h'ydrant ⓝ 水龍頭，消火栓。
h'ydrate ⓥⓝ 水化合物，氫氧化物。

hydr'ation ⓝ 水和（作用）。

hydr'aulics ⓝ 水力學。

h'ydride, hydrid ⓝ 氫化物。
h'ydri'odic acid 碘氫酸。

hydro ⓝ 水療院。
hydroairplane, h'ydroa'eroplane ⓝ 水上飛機。

h'ydroc'arbon ⓝ 碳化氫。
hydroc'ephalus ⓝ 腦水腫。
hydrochloric acid 鹽酸，氧化氫酸。
hydrocyanic acid 氰酸，氰氫酸。
hydrodyn'amics ⓝ 流體力學。
h'ydroelectricity ⓝ 水力電氣。
h'ydrofluoric acid 氟氫酸。
hydrofoil=h'ydrovane ⓝ 水中舵。
h'ydrogen ⓝ 氫
hydrogenate,-enize ⓥⓣ 與氫化合。
h'ydrograph ⓝ 水位圖。
hydr'ography ⓝ 水道學（測量術）。

h'ydroid ⓐⓝ 水螅蟲（的）。

h'ydroz'oa ⓝ ⓟⓛ 水螅蟲類。

hydroz'oan ⓐⓝ 水螅蟲（的）。

h'ydrokin'etics ⓝ 流體動力學。

hydr'ology ⓝ 水文學。

hydr'olysis ⓝ 加水分離。

h'ydrolyze ⓥⓣ 水解。

hydr'ometer ⓝ 液體比重計，浮秤。

hydr'ometry ⓝ 流體測定。

hydr'opathy ⓝ 水療法。

h'ydroph'obia ⓝ 恐水病，狂犬病。

h'ydrophone ⓝ 水診器

h'ydrous ⓐ 含水的。

h'ydrophyte ⓝ 水生植物。

h'ydroplane ⓝ 水上飛機（滑艇）。

hydrop'onics ⓝ 水耕栽培。

h'ydromechanics ⓝ 流體力學。

h'ydropsy ⓝ 水腫病。

h'ydroquin'one ⓝ 對苯工酚（顯影劑）。

h'ydrosphere ⓝ 水圈，水界。

h'ydrostat ⓝ 電動水量指示器。

h'ydrost'atics ⓝ 流體靜力學。

h'ydroth'erapy ⓝ 水治療法。

hydr'otropism ⓝ 屈水性。

hydr'oxide,-id ⓝ 氫氧化物。

hydr'oxyl ⓝ 氫氧根。

93. hyper-「上，超過，過度」結合詞。

h'yperac'idity ⓝ 胃酸過多症。

hyperaesth'esia ⓝ 感覺過敏。

hyperesttresia ⓝ ──。

h'ypers'ensit'iveness ⓝ 過敏症。

hypersensitivity ⓝ ──。

hyperbaric ⓐ 高比重（壓）的。

hyperbole <haip'ə:bəli> ⓝ 誇張。

hyperborean ⓐⓝ 嚴寒，極北的（人）。

hyperc'ritic ⓝ 苛評家。

hypercriticism ⓝ 苛評，苛求。

hyperglycaemia,-cemia ⓝ 多糖症。

h'ypermarket ⓝ 大規模超級市場。

hypermetric,-rical ⓐ 音節過多的。

hypermetropia ⓝ 遠視＝ hyperopia

hyperon ⓝ 重核子。

hypersonic ⓐ 極超音速的。

hypertension ⓝ 高血壓，緊張過度。

hypert'ensive ⓐⓝ 高血壓的（患者）。

hyperthyroidism ⓝ 甲狀腺官能過旺症。

hypertrophy ⓥⓝ肥大，異常發達。

94. hypo-「下，以下，輕度，次」結合辭。

h'ypoⓝ海波，定影劑，硫化硫酸鈉。

hypoⓂ =
    h'ypod'ermic ⓐⓝ 皮下注射。
    hypoch'ondriac ⓐⓝ憂鬱症的。

h'ypoc'otylⓝ胚軸，子葉下軸。

hyp'ocrisyⓝ偽善。

hypog'astricⓐ下腹部的。

hypoph'osphiteⓝ次磷酸鹽。

hypoph'osph'oric acid 低磷酸。

hypophosphorous acid 次磷酸。

hyp'ophysisⓝ腦下垂體。

hyp'ostasisⓝ沈澱物，本質，根本原理。

h'ypos'ulfite,-phite ⓝ 次硫酸鹽（鈉）。

h'ypot'axisⓝ從屬↔parat'axis

hyp'otenuse ⓝ 直角三角形的斜邊。

h'ypoth'alamusⓝ視牀下部。

hyp'othec ⓝ抵押權。

hyp'othecate ⓥⓣ 抵押，擔保。

hyp'othec'ationⓝ擔保契約。

hyp'othenuse=hyp'otenuse

h'ypoth'ermiaⓝ降低體溫（法）。

hyp'othesisⓝ假設，前提。

hypoth'yroid'ism ⓝ 甲狀腺機能不全（症）。

I 之部

i'chthyoid <'ikəiɔid> ⓐⓝ 成魚形的，魚狀動物。

'ichthyol ⓝ魚油精。

'ichthyosaur='ichthyos'aurus <'ikθiəs'ɔirəs>ⓝ魚龍。

'ichthyologist ⓝ魚類學者。

ichthy'ology ⓝ魚類學。

ichthy'ophagous ⓐ常吃魚的。

Ichthyornis ⓝ魚鳥。

補充：

fish：魚

pisces <'pisi:z> ⓝ ⓟⓛ 魚類，雙魚座。

Piscary ⓝ捕魚場（權）。

piscat'orial
piscine, piscat'ory } ⓐ魚的。

pisciculture ⓝ養魚（法）。

pisc'ina ⓝ魚池，浴池。

此類字甚多例舉如下：

ina'dequacy ⓝ不適當。

ina'lienab'ility ⓝ不能讓與。

ina'rch ⓥⓣ 接枝。

inarm ⓥⓣ 擁抱。

inb'ound ⓐ 回內地（本國）的↔ outbound

inc'orporate ⓥⓐ結合，團結，無形的。

ind'ulge ⓥⓐ耽迷，放縱。

inf'atuate ⓥⓣ ⓝ ⓐ 迷糊，迷戀的（人）。

inf'ect ⓥⓣ 傳染，傳播。

i'nroad ⓝ侵略，蠶食。

i'nrush ⓝ侵入，闖入。

ill'egal ⓐ非法的。

ill'iterate ⓐⓝ 文盲，無教養的（人）。

ill'uminate ⓥⓣ 照明，點亮，揭示，啟發。

（l'uminous ⓐ發光，光輝的）。

ill'icit ⓐ 不法，不正，不義的↔

l'icit ⓐ

ill'egible ⓐ曖昧，不明的。

imb'alance ⓝ不均衡狀態。

immort'ality ⓝ不朽，不滅。

'irrel'igion ⓝ無宗教，反宗教。

97. Indo- 「印度」結合詞。

indo-Aryan ⓐ ⓝ 印歐人（語系的）。

indo-China ⓝ印度支那。

indo-European ⓐ ⓝ 印歐語系（的）。[=indo-Germanic]

indo-Ir'anian ⓐⓝ 印度波斯語系（的）。

indon'esian ⓐ ⓝ 印尼（人，的，語）。

98. Inter- :「內，中，互相」之意。

'inter'act ⓥⓝ互動，幕間，插曲。

'inter-Am'erican ⓐ北美與中南美間的。

interc'ede ⓥⓘ 說項，仲裁。

'interc'ept ⓥⓣ 截奪，妨礙。

'intercourse ⓝ 交際，交通，性交。

'interf'ere ⓥⓘ干涉，干擾，阻擋。

'interfl'ow ⓥⓘ ⓝ合流，混合。

'intergr'ade ⓝ ⓥⓘ 中間等級，過渡階級。

'interleaf ⓝ插頁。

interlocution ⓝ對語，問答。

'interlude ⓝ幕間，插曲。

'interm'arry ⓥⓘ （二種族間的）通婚。

'interm'eddle ⓥⓘ 干涉，管閒事。

interm'ediate ⓥⓘ ⓝ ⓐ 中介（者，物）。

'interm'ingle ⓥ混入，滲入。

interm'ission ⓝ中止，幕間。

inter'oscul'ate ⓥⓘ 接合，結合。

'interphone ⓝ對講機。

'interrel'ate ⓥ相互關連。

'interst'ate ⓐ州際的。

'intervalⓝ間距，休止期，空隙。

interv'ene (vi) 介入，干涉，調停。

'interviewⓝⓥ訪問，會面。

99. Intra-：「在內」↔extra- Intro-：「向中，向內」結合詞。

Intr'adosⓝ穹窿內面，內弧面。

'intram'uralⓐ同校（市）內的。

'intrantⓐⓝ進入（入會）者。

'intrast'ateⓐ州內的。

'intra'uterineⓐ子宮內的。

intrav'enousⓐ靜脈內的。

introduce (vt) 引導，介紹。

introjectionⓝ投入。

intromissionⓝ插入，准可進入。

intr'orseⓐ內向，內曲的。

introspect (vi) 內省，內觀。

introversionⓝ內向性，內省性。

100. iso-：「同，類似」結合詞。

'isobarⓝ等壓線，同重元素。

'isochrom'aticⓐ等色的。

is'ochronalⓐ等時性的。

isocl'inalⓐ等傾斜（角）的。

is'ocracyⓝ權力平等主義。

isodyn'amicⓝⓐ等磁力線（的）。

'isoglossⓝ等語線。

'isog'onicⓐ等偏角的。

is'omerousⓐ等數的，同部份形成的。

isom'orphismⓝ同形，類質同像。

'isopodⓝⓐ等足類動物。

is'osceles <ais'ɔsili:z> ⓐ 等邊形的。

'isos'eismal <aisous'aizməl> ⓝⓐ等震線。

is'ostasyⓝ地殼均衡說。

'isothermⓝ等溫線。

'isotopeⓝ同位素。

i'sotr'opicⓐ等方性。

i'sotypeⓝ同形像（統計圖）。

'isolate (vt) 孤立，隔離，絕緣。

is'omerismⓝ異性。

J 之部

101. ject, jet, jac：有丟，投鄭，拋之意。
同 throw

objectⓥ反對（物體），受詞。

subjectⓝ主題，主詞，臣民。

projectⓝⓥ計畫，投出。

rejectⓥⓝ拒絕。

injectⓥ注射。

ejectⓥ拋出，趕出。

ejaculationⓝ射精（ⓥ：ejaculate）

jetⓝⓥ噴射機，噴出。

trajectoryⓝ彈道。

102. join, junct, yoke：聯合，結合之意。

jointⓝ連接的。

conjunctionⓝ連合。

conjugalⓐ婚姻的。

junctionⓝ聯絡。

juntaⓝ會議，秘密結社，私黨。

yokeⓝ奴役、軛、夫妻緣。

yokefellow, yokemateⓝ夥伴、配偶。

yokelⓝ鄉下佬。

injunctionⓝ命令，訓諭。

adjoinⓥ臨界，臨近

103. jud-, jus-, jur-：法，法律，公正的連接詞。

judge ⓥⓝ法官，推事，裁判，鑑定。

j'udicatoryⓐⓝ司法，判決。

j'udicatureⓝ司法（權），法官，法院。

jud'icialⓐ司法，判決。

jud'iciaryⓐⓝ司法（部，制度）。

jus ⓝ 法，法律，權利。（pl：j'ura）

justⓐⓐd 公正，正好。

j'usticeⓝ公正，公平，法官。

just'iciarⓝ高等法官。

just'iciaryⓝ司法官。＝↑

j'ustifyⓥ使正當，辯解。

j'ural 法律上。

jur'idic, jur'idical ⓐ 司法，法律上的。

j'uriscons'ult ⓝ（國際法）法學家。

j'urist ⓝ 法學家（學者）

j'urisd'iction ⓝ 司法權，管轄權。

j'urispr'udence ⓝ 法律學，國法。

jur'istic, jur'istical ⓐ 法律上的。

j'ury ⓝ 陪審團。（另：ⓐ 應急的）。

j'uror ⓝ 陪審員。

K 之部

104. kilo-「千」的結合詞。

kilo：公斤，公里之略。

kilogram：公斤。

kilom'eter：公里。

kiloc'alorie：ⓝ　大　卡（=1000
　卡）。

kiloc'ycle ⓝ 千周（=1000 周）。

kilogrammeter ⓝ 千克米（一公斤
舉高一公尺所做的功）。

kilohertz（=kHz）ⓝ千赫。

kiloliter ⓝ 公秉（千公升）。

kiloton ⓝ 千噸。

kilovolt ⓝ 千伏特。

kilowatt ⓝ 瓩。

kilowatt-hour ⓝ 瓩時。（一小時一
瓩的電力）。

L 之部

105. lex-, li-, leg-：有法律，合法之意。

lex ⓝ法，法律。（⒫ l'eges）

lexical ⓐ字典的，語句的。

lexic'ology ⓝ辭彙學。

lexic'ography ⓝ辭典編纂（法）。

lexicon ⓝ辭典，語彙。

licit ⓐ合法，正當的。

license ⓝ許可證，執照。

legal ⓐ法律，合法的。

legal'ise, l'egalize ⓥⓣ 合法化。

legalism ⓝ形式（法律）主義。

leg'ality ⓝ合法，正當。

legislate ⓥ 制定法律（ⓝ legisla-tion）

legislator ⓝ立法者（官，委員）

legislature ⓝ立法院（機關）

legist ⓝ法律守者。

legit, leg'itimate, legitimatize ⓐⓥ合法，正統。

legitimacy ⓝ合法，正統。

legitimism ⓝ正統主義。

106. lith-, litho-：「石」的結合詞。

leg-, lig-, lect-：選，讀。

l'itharge ⓝ一氧化鉛。

l'ithia <l'iθiə> ⓝ氧化鋰。l'ithium ⓝ鋰。

l'itic ⓐ鋰的，結石的。

l'ithograph ⓥⓝ 石版印刷（畫）=l'itho=l'ithoprint

lith'ology ⓝ岩石學，結石學。

l'ithosphere <l'iθəsfiə> ⓝ岩石圈，地殼。

lith'otomy ⓝ切石術。

補充：ch'rysolite：ⓝ貴橄欖石。

m'eteorol'ite, m'eteorite ⓝ隕石。

（'meteor ⓝ流星，隕石）

'eligible ⓐ合格，適任。

lecture ⓥⓝ演講，訓誡。

legible ⓐ可讀，易解的。

107. Luni-, Luna-：「月」的結合詞」。

l'una：⟨羅⟩ⓝ月，月神，ⓐ：l'unate

l'unar ⓐ 月的，陰曆的，新月形的。

l'unarn'aut ⓝ月球太空人。

lunation=lunar month

lune <lu:n> ⓝ弓形，半月形。

lun'ette ⓝ弦月窗。

cr'escent ⓐⓝ：新月（狀物），蛾眉月。

l'uniform ⓐ月狀的。

l'unisolar ⓐ 日與月的，日月吸引力的。

補充：Sel'ene ⟨希⟩ⓝ 月之女神。Sel'enite ⓝ月上居民。

Selenology ⓝ月學。Selen'ography ⓝ月理學。

Selen'ograph ⓝ月球表面圖。

M之部

108. macr-, macro-：「長，大」結合詞。

magn-, magni：「大」之意。

m'acrobio'tic ⓐ長壽的。

m'acroceph'alic ⓐ大頭的。

m'acrocosm ⓝ大宇宙，大世界。

m'acrograph ⓝ肉眼圖（實物）。

macr'ography ⓝ肉眼檢查。

m'acrom'olecule ⓝ 巨分子，高分子。

m'acron ⓝ長音符。

m'acroph'ysics ⓝ巨視物理學。

m'acrosc'opic ⓐ 肉眼可見，巨視的。

m'acrospore ⓝ大胞子。

m'agnific'ation ⓝ擴大，讚美。

magn'ificence ⓝ 壯大，莊嚴，華麗。

magn'ifico ⓝ大官，顯要，貴族。

m'agnify (vt) 擴大，誇張，讚美。

magn'iloquence ⓝ豪語。

M'agna c(h')arta 大憲章。

m'agnan'imity ⓝ寬宏大量。

m'agnate ⓝ大官，要人。

m'agnet ⓝ 磁石，有吸引力的物（人）。

m'agnum ⓐ大酒瓶，大型手槍。

補充：mah'atma ⓝ 大聖，超人。

Mahay'ana ⓝ大乘佛教。

109. mal-, male-「惡，非，壞，不」之意↔bene-

m'aladjustment ⓝ失調。

maladm'inister (vt) 胡搞，亂政。

m'aladroit ⓐ拙劣的，愚鈍的。

m'alady ⓝ病，疾病。

malaf'ide ⓐ(ad)惡意，不誠的。

mal'aise <miel'eiz> ⓝ 不舒服，抑鬱。

m'alapportioned ⓐ分配不公的。

m'alapropism ⓝ文詞誤用。

malapropos ⓐ ⓝ (ad) 不適當的

（物）。

mal'aria ⓝ 瘧疾，瘴氣。

m'alcontent ⓐⓝ 抱不平的（人）。

m'alediction, m'alison ⓐ 咒罵。

m'alef'action ⓝ 罪行，罪惡。

mal'eficence ⓝ 罪行，罪惡。

mal'evolence ⓝ 惡意，狠毒。

malfe'asance ⓝ 不法行為。

malformation ⓝ 難看，畸形。

m'alice, mal'ignance, mal'ignity ⓝ 惡意。

mal'inger ⓥⓣ（士兵）裝病。

m'alism ⓝ 現世邪惡說。

m'alocclusion ⓝ 咬合不正。

mal'odor ⓝ 惡臭。

m'alpractice, malvers'ation ⓝ 瀆職。

maltr'eat ⓥ 虐待。

110. meg-, mega-, megalo-：「大，百萬」結合詞。

m'egab'uck ⓝ 俗：一百萬美金。

m'egaceph'alic ⓐ 巨頭的。

m'egacu'rie ⓝ 百萬居里（MC）

m'egac'ycle ⓝ 百萬週（MC）

megade'ath ⓝ 百萬人死亡。

m'egah'ertz ⓝ 一百萬赫。

megallith ⓝ 巨石。

m'egalom'ania ⓝ 誇大狂。

m'egalom'aniac ⓐ ⓝ 誇大狂的（者）。

megal'opolis ⓝ 巨大都市，人口密區。

m'egalos'aurus ⓝ 巨龍，斑龍。

m'egaphone ⓥⓝ 擴音器。

m'egasc'opic ⓐ 肉眼可見的。

megath'erium ⓝ 大懶獸。

m'egaton ⓝ 百萬頓。

megav'olt ⓝ 百萬伏特（MV）

m'egawatt ⓝ 百萬瓦特（Mw）

m'egohm ⓝ 百萬歐姆。

111. mes-, meso-：「中央，中間」結合詞。

m'esial <'mi:ziəi> ⓐ 中央的。

mesne <mi:n> ⓐ 中的，中間的。

m'esoblast=mesoderm ⓝ 中胚葉。

m'esomorph ⓝ 平均體格的人，鬥士型的人。

m'eson＝m'esotron ＜m'esətron＞ ⓝ 介子。

m'esosp'here ⓝ 中間圈（地上 50～80 公里）。

M'esoz'oic ⓐⓝ 中世代（的）。

m'essage ⓥⓝ 傳話，通信，咨 文，使命。

112. met(a)-, meth-：「後，中，間，共，變換」之意。

met'abolism＝met'aboly＝met'astasis ⓝ 新陳代謝，物質交替，轉移。

met'abol'ite ⓝ 因新陳代謝而生之 物質。

m'etac'enter ⓝ 定傾中心。

metag'alaxy ⓝ 全宇宙。

metag'enesis ⓝ 真正世代交替。

m'etamer ⓝ 異性體。（met'amer-ism）

metam'orphism、metam'orphosis ⓝ 變態，變性，變質。

m'etaphor ⓝ 隱喻，暗喻。

m'etaphrase ⓝⓥ 逐字翻譯。

metap'hysics ⓝ 形上學，宇宙哲 學。

m'etaplasm ⓝ 語形變化，後形質。

m'etapsych'ology ⓝ 超心理學。

metat'arsus ⓝ 中蹠骨。

met'athesis ⓝ 轉移，轉換。

metath'orax ⓝ 後腦。

Metaz'oa ⓝ 後生動物。

m'etempsych'osis ⓝ 輪迴。

met'onymy ⓝ 轉喻。

metr'opolis ⓝ 中心都市，首都。

113. micr-, micro-：「小，微」 的結合詞。

m'icrobe ⓝ 微生物，細菌。

microbio'logy ⓝ 微生物學。

microo'rganism ⓝ 微生物。

m'icrophyte ⓝ 微小植物，細菌。

microc'ephaly ⓝ 頭小畸型。

m'icroclimat'ology ⓝ 微氣象學。

microc'occus ⓝ 微球菌。

m'icrocosm ⓝ 小宇宙。

microc'urie ⓝ 微居里。

microgram ⓝ 百萬分之一克。

micrograph ⓝ 顯微照相。

microgroove ⓝ 微紋溝（唱片）。

microm'eteorite ⓝ 微隕石。

micr'ometer ⓝ 測微尺。

m'icron ⓝ 微米（1/百萬 公尺）

microm'icron ⓝ：micron 的 1/百萬。

m'icronize ⓥⓣ 微粉化。

'microphone ⓝ 擴音器。

m'icror'eader ⓝ 膠片閱讀器。

microscope ⓝ 顯微鏡。

micros'eism ⓝ 地殼微震。

m'icrosome ⓝ 微粒體。

microspore ⓝ 小胞子

microtome ⓝ 顯微鏡用薄片切片機。

microtron ⓝ 電子加速器。

114. mil-, milli-「千分之一」的接合詞。

mill'ennium ⓝ 一千年間，千年至福，黃金時代。（指基督重臨人間時）。

mil ⓝ 千分之一吋（電線直徑單位）。

mill ⓝ 釐。（另：ⓥ ⓝ 加工，工廠。）

mill'enary ⓐⓝ 一千年（的）。

m'illepore ⓝ 千孔蟲。（珊瑚一種）。

mill'esimal ⓝⓐ 千分之一（的）。

millia'mpere ⓝ 毫安培。

m'illiard ⓝ 十億。（美：billion）。

m'illibar ⓝ 毫巴。（氣象單位）

millic'urie ⓝ 毫居里。

millicr'cle ⓝ 毫週波。

m'illigram ⓝ 毫克。

millil'iter ⓝ 公撮（公升的1/1000）。

millim'eter ⓝ 公釐（公尺的1/1000）。

millim'icron ⓝ 微微米（微米的1/1000）。

'million ⓝ 百萬。

'million'aire ⓝ 百萬富翁。

'millionfold ⓐ ⓐⓓ 百萬倍的。

million'ocracy ⓝ 富豪政治。

m'illionth ⓝⓐ 第一百萬（的）。

millir'oentgen ⓝ 毫倫琴。

補充：ch'iliad <'kiliæd> ⓝ 一千（年）。

c'hiliasm ⓝ千年至福說。

115. mini-：「小型，袖珍」結合詞。

mini ⓝ迷你（型，裙，裝）。

miniascape ⓝ（日本的）盆景。

miniature ⓥⓝⓐ小品，縮印，纖細（畫）。

miniaturist ⓝ纖細畫家。

miniaturiz'ation ⓝ小型化。

miniaturize ⓥⓣ 小型化。

minib'ike ⓝ小型機車。

minib'us ⓝ小型公車。

minicar ⓝ小型汽車。

minic'ab ⓝ小型計程車。

m'inify ⓥⓣ 縮小，削減。

m'inikin ⓝⓐ微小的（物，人）。

minim ⓝ微量。

'minimal ⓐ最小限度的，極微的。

'minimalist ⓝ最低限要求者。

minimization ⓝ最小限度，輕視。

'minimum ⓐⓝ 最低限度↔maximum.

m'inimus ⓐ（同校，同名中）最年青的。

minisc'ule=m'inuscule ⓐⓝ 小寫字。

minish ⓥ減小，縮小。

mini pops 節奏器。

116. mis-「錯誤，壞，不利」之意。

m'isall'iance ⓝ錯誤的結合。

mis'applic'ation ⓝ誤用，濫用。

m'isbeg'otten ⓐ 私生子的，庶出的。

misbeh'ave ⓥ行為不端，作弊。

misc'arriage ⓝ 失敗，誤投，流產。

misc'arry ⓥⓘ — — —。

misc'ast ⓥⓣ 角色分配不當。

m'iscegen'ation ⓝ雜婚。

m'iscell'anea ⓝⓟⓛ 雜集。

misc'ellany ⓝ雜集。

misch'ance ⓝ不幸，災難。
　　　/ai/

m'ischief ⓝ災害，惡意。

m'isconc'eive ⓥ 誤解，誤認，誤會。

misconception ⓝ— — —。

misc'ond'uct <—,—> ⓝⓥ不規矩，通姦。

m'iscreant ⓝⓐ惡棍，邪道。

m'iscrea'ted ⓐ殘廢的，醜的。

m'isc'ue ⓥⓝ撞歪，失策。

misf'easance ⓝ過失。
/z/

misl'ay ⓥⓣ 放錯地方，遺忘。

m'ism'ate ⓥ錯誤配合。

m'isn'ame ⓥⓣ 誤稱，責罵。

m'isn'omer ⓝ誤稱。

117. miso-：「厭惡」結合詞。

misogamy ⓝ厭惡結婚。

misogamist ⓝ厭惡結婚的人。

misogyny ⓝ 厭惡女人。ⓐ：misogynous

misogynist ⓝ厭惡女人的人。

misology ⓝ厭惡理論。

mison'eism ⓝ厭新。

118. mon-, mono-「一，單」結合詞。

m'onism ⓝ一元論。

'monochrome ⓝ單色畫（相片）。

m'onocle ⓝ單眼鏡。

'monoc'otyl'edon ⓝ單子葉植物。

mon'ocracy ⓝ獨裁政治。

m'onoc'ulture ⓝ單一栽治。

'monoc'yte ⓝ單核細胞。

'monodr'ama ⓝ獨腳戲。

m'onody ⓝ獨唱曲，挽歌。

mon'oecious ⓐ雌雄同體的。

mon'ogamy ⓝ一夫一妻制。

monog'enesis=mon'ogenism：ⓝ（'parthenog'enesis）一元發生說，單性生殖。

mon'ogyny ⓝ一妻制。

mon'olatry ⓝ單神崇拜。

m'onol'ingual ⓐ只用一種語言的。

m'onolith ⓝ巨型獨石，整體。

m'onologue,-log ⓝ 獨白，獨腳戲。

m'onom'ania ⓝ偏執狂。

monom'etalism ⓝ（貨幣）單本位制。

mon'omial ⓐⓝ單字，單項的。

m'onon'ucle'osis ⓝ 單核白血球增

多症。

monop'hobia ⓝ孤獨恐怖症。

m'onophthong ⓝ單母音。

m'onoplane ⓝ單翼飛機。

mon'opolize (vt) 獨占，專賣。

monopoly ⓝ—,—（物，品）

monorail ⓝ單軌鐵路。

monostich ⓝ一行詩。

m'onos'yllable ⓝ單音節字。

m'onotheism ⓝ一神論，一神教。

monotone, monotony ⓝ 單詞，無味。

monotreme ⓝ單孔類動物。

monotype ⓝ單型

mon'ovular ⓐ單卵性的。

Monoxide ⓝ一氧化物。

補充：h'enotheism ⓝ一神教。

119. muc-, muco-「黏液，黏膜」之意。

m'ucilage <mj'u:silidʒ> ⓝ（動植物分泌的）黏液，膠水 ⓐ: m'ucil'aginous.

m'ucin ⓝ黏液素。

muck ⓝⓥ 糞，肥料，施肥。ⓐ: mucky.

m'uckle=mickle ⓐⓝ(ad)：多量，很多。

muc'osity ⓝ黏，黏性。ⓐ m'ucous <m'ju:kəs>

m'ucus <mj'u:kəs> ⓝ（動植物的）黏液，膠。

補充：mud <mʌd> ⓝⓥ 泥，泥濘，混亂，慌張。ⓥⓐ: muddy.

120. mult-, multi-：「多」的結合詞。

'mult'angular ⓐ多角的。

multicellular ⓐ多細胞的。

multich'annel ⓐ 多波段，多通話線。

m'ultifarious ⓐ多樣，多方面的。

m'ultifid ⓧ多瓣的，多裂的。

m'ultifoil ⓝ繁葉飾。

m'ultifold=manifold ⓥⓝⓐ 多樣複印。

m'ultiformity ⓝ多形，多樣性。

multil'ateral ⓐ 多邊，多國參加的。

multin'omial ⓐⓝ多項式。

mult'iparous ⓐ一胎多子，多產的。

multip'artite ⓐ多方，多國參加的。

multiple ⓐⓝ倍數，多樣的。

multiplex ⓐ多樣的。

m'ultiplicator ⓝ乘數，倍率器。

m'ultipl'icity ⓝ多數，多樣。

m'ultiply ⓥ乘，增加，繁殖。

multi-ply ⓐ多層，多股的。

multiracial ⓐ多民族的。

m'ultitude ⓝ多數，群眾。

mult'ivalence ⓝ多意義性。

m'ultivalve ⓐ多瓣的。

multiv'ersity ⓝ綜合大學。

multivitamin ⓐⓝ多種維他命。

mult'ivocal ⓐ意義多重的。

121. myc-「微菌類物質」結合詞。

myc'elial, myc'elium ⓝ菌絲。

myc'etoz'oan ⓝ黏菌，變形菌。

myc'ology ⓝ菌學。

myc'osis ⓝ黴菌病。

補充：

'myriad ⓐⓝ萬，無數。

myriam'eter ⓝ一萬公尺。

'myriapod ⓐⓝ多足類。

bac'illus ⓝ 桿狀菌，細菌（任何）。

c'occus ⓝ球菌，小乾果。

er'ythrom'ycin ⓝ（一種）抗生素。

bact'eria ⓝⓟⓛ 細菌。ⓢⓘ bact'erium

bact'ericide ⓝ殺菌劑。

'bacterin ⓝ疫苗。

bacteri'ology ⓝ細菌學。

bacteri'olysis ⓝ細菌分解處理，溶菌。

bact'eriophage ⓝ抗菌素。

bacteri'oscopy ⓝ細菌檢查。

germ ⓝⓥ幼芽，細菌，起源。

N 之部

122. narc-：麻醉藥有關的詞。

narc（narcotic detective）：ⓝ〔美俗〕：緝查麻藥的刑警。

narceine ⓝ罌粟鹼。

narc'issism, narc'ism ⓐ自我陶醉，自戀。

narcissist ⓝ自我陶醉者。

Narc'issus ⓝ水仙，愛戀自己水中倒影溺死成水仙的美少年，美貌美少年。

n'arcoan'alysis ⓝ麻醉分析。

n'arcolepsy ⓝ嗜眠發作（癲癇症發作），（leprosy, l'epra：痲瘋病）

narc'osis ⓝ（麻醉引起的）昏迷狀態＝n'arcotism, 麻醉。

n'arcos'ynthesis ⓝ麻醉精神療法。

narcotic ⓐⓝ麻醉性的，催眠性的，鎮靜劑。

narcotine ⓝ那可汀（鴉片一種）。

n'arcotize ⓥ麻醉。

補充：nano-：十億分之一，極微小。

nanosecond ⓝ十億分之一秒。

123. necro-：「屍體、死者」接合詞。

necr'ology ⓝ死者名冊，死亡啟事。

n'ecromancer ⓝ巫師。

n'ecromancy ⓝ妖術，魔法
ⓓ：necrom'antic

n'ecroph'ilia ⓝ屍體嗜好症。

necropolis ⓝ（古代的）大墓地。

n'ecropsy, necr'oscopy ⓝ驗屍，屍體解剖。

necr'osis ⓝ壞疽，黑斑症，壞死。
ⓐ：necr'otic

124. neo-：「新」的結合詞。

'Neocene ⓝⓐ新第三紀（的）。

neoclassicism ⓝ新古典主義。

n'eocolonialism ⓝ新殖民地主義。
neo-darwinism ⓝ新達爾文主義。
neo-h'ellenism ⓝ新希臘主義。
n'eo-impressionism ⓝ 新印象主義。
n'eo-K'antian ⓐⓝ 新康德學派（者）。
n'eo-Lam'arckism ⓝ 新拉馬克主義。
neo-L'atin ⓝ新（近代）拉丁語。
n'eolith ⓝ（新石器時代的）石器。
ne'ologism ⓝ新語，新義。
neo-Malth'usianism ⓝ新馬爾薩斯主義。
neom'ycin ⓝ新黴素。
n'eonate ⓝ嬰兒。
n'eophilia ⓝ喜歡新奇。
n'eophyte ⓝ新信徒，初學者。
n'eoplasm ⓝ新生物（指腫瘍）。
'neo-pl'atonism ⓝ新柏拉圖哲學。
neo-rom'anticism ⓝ新浪漫主義。
neos'alvarsan ⓝ新六〇六。（治療梅毒的注射劑；商標名）
neot'eric ⓝⓐ現代人，嶄新。
neotr'opical ⓐ新熱帶的。
neoz'oic=cenoz'oic ⓐⓝ新生代的。

125. nerv-, nerve-, neur-, neuro-「神經」結合詞。

nerve ⓝⓥⓣ 神經，氣力，振奮，葉脈。
n'ervine ⓐⓝ神經鎮定劑。
n'erving ⓝ神經切除。
nerv'osity ⓝ神經過敏。
n'ervous ⓐ神經，焦急。ⓝ～ness.
n'ervure <'nə:vjuə> ⓝ 葉脈，翅脈。
n'ervy ⓐ神經，強壯的。

ne'ural <n'juərəl> ⓐ神經的。
neur'algia ⓝ神經痛。
n'eurast'henia ⓝ神經衰弱症。
neur'osis ⓝ－, 神經症。
neur'itis ⓝ神經炎。
neur'ology ⓝ神經學。
n'euron, ne'urone ⓝ神經細胞（單位）。
n'europath ⓝ神經病患者。
ne'uropath'ology ⓝ神經病理學。

neur'opathy ⓝ神經病。

n'europh'ysi'ology ⓝ神經生理學。

n'europsych'iatry ⓝ 神 經 精 神 醫
　學。

n'euros'urgery ⓝ神經外科。

neur'otic ⓐⓝ神經的（患者）。

126. noct-, nocti-：「夜」結合詞。

noctambulant, noct'ivagant, noctiv-
　agous：ⓐ夜遊，夜行的。

noctambulism：ⓝ 夜 遊 症，夢
　遊。

noctilucentⓐ夜光雲的，夜裡發光
　的。

noctovision ⓝ 夜視能力，暗視裝
　備。

nocturn ⓝ夜禱。

noct'urnal ⓐ夜的，夜行的。

n'octurne ⓝ 夜曲，夢幻曲，夜景
　畫。

補充：

somn'ambulate ⓥ 夢遊。

somn'iloquy ⓝ說夢話。

somnolence ,-cy ⓝ想睡，夢幻。

somniferous ⓐ催眠，想睡的。

soporific ⓐⓝ想睡，催眠（劑）。

soporiferous ⓐ＝催眠（劑）。

serenade ⓥⓝ情歌，夜曲。

127. Non-：「無，不，非」之意。

n'onabst'ainer ⓝ 不 節 制 者（喝
　酒）。

non'access ⓝ（丈 夫 遠 行）不 交
　媾。

n'onage ⓝ未成年，未成熟。

n'onagen'arian ⓐ ⓝ 九 十 多 歲 的
　（人）。

n'onaggr'ession ⓝ不侵略。

n'onal'igned ⓐ無黨派，中立的。

n'onbell'igerent ⓐ ⓝ 非 交 戰
　（國）。

non-book ⓝ（無內容的）應時書
　刊。

n'onchalance ⓝ不關心，冷淡。

n'oncoll'egiate ⓐⓝ不屬學院的（學
　生）。

noncomm'ittal ⓐ 不 確 定，不 許 諾
　的。

noncompl'iance ⓝ 不服從。

noncond'uctor ⓝ 絕緣體。

nonc'onfidence ⓝ 不信任。

nonconf'ormity ⓝ 不順從（國教）。

nondel'ivery ⓝ 不能引渡（送達）。

nonden'ominational ⓐ 不屬任何派別的。

n'ondescript ⓐⓝ 不能區別的（人，物）。

nondisj'unction ⓝ 不分離。

noneff'ective ⓐⓝ 無效，無戰鬥力的（兵）。

non'ego ⓝ 非我，客體。

none'ntity ⓝ 不存在，虛無。

n'onesuch ⓝ 無雙，絕品。

nonfe'asance ⓝ 不作為，懈怠。
　　/z

nonc'om=noncommissioned offi-cer. ⓝ 未經任命的，士官。

non-event ⓝ 大宣傳而未辦的事（節目）。

nonobjective=nonrepresent'ational ⓐ 非描寫，非抽象的。

nonf'errous ⓐ 非鐵的。

nonf'iction ⓝ 非小說文學。

non-f'inite ⓐ 非定形的。

nonfl'ammable ⓐ 不燃燒的。

nonfulf'ikbmont ⓝ 不履行。

non'interv'ention ⓝ 放任，不介入。

nonj'oinder ⓝ 非同共訴訟。

nonjuror ⓝ 不宣誓效忠者。

nonl'ead ⓐ 無鉛的。

nonl'ethal ⓐ 非致命性的。

no-no ⓝ 不可作之事，禁忌。

n'onpareil ⓐⓝ 無比，極品。

nonprofil ⓐ 非營利的。

nonsectarian ⓐ 無宗派的。

n'onsense ⓝⓘⓝⓣ：無意義，荒唐。

nons'uit ⓥⓣ ⓝ 駁回訴訟。

nonunion ⓐ 不承認（反對）工會。

non'user ⓝ 棄權。

nonviable ⓐ 無法生活（發展）的。

O 之部

128. oct-, octa-, octo-：「八」結合詞。

o'ctingent'enary=o'ctocent'enary ⓝ 八百週年祭典。

o'ctachord ⓝ 八弦琴，八度音階。/k/

o'ctad ⓝ 八個一組。

o'ctave ⓝ 八個一組，第八（音，招）

o'ctagon ⓝ 八邊形，八角形。

o'ctahedron ⓝ 八面體。

oct'ameter ⓝ 八步格。

o'ctan ⓐⓝ 八日熱。

o'ctant ⓝ 八分儀。

octavo ⓝ 八開本（紙）。

oct'ennial ⓐ 每八年的。

oct'et(te) ⓝ 八個一組，八重唱。

octod'ecimo ⓝ 十八開本（紙）。[18mo]

o'ctogen'arian ⓐ ⓝ 八十歲的（人）。

o'ctonal ⓐ 八進法，八韻腳的。

o'ctonary ⓐⓝ 八（組，進法，行詩）。

o'ctopus ⓝ 章魚（八腕類動物）。

o'ctor'oon ⓝ 1/8 黑人血統的混血兒。

o'ctosyll'abic ⓐⓝ 八音節的（詩句）。

有例外：october 十月

o'ctuple ⓥⓝⓐ 八倍。

129. odont(o)-：「齒」的接合詞。
omni-：「全，總，泛」的接合詞。

od'ontogl'ossum ⓝ 蘭屬植物一種。

od'ontoid ⓐ 齒狀的。

odont'ology ⓝ 齒科學（術）。

exodontia ⓝ 拔牙術。

pt'eridology <'terəd'oladʒi> 羊齒植物學。

pt'eridophyte ⓝ 羊齒類。

mastodon ⓝ 乳齒象（第三紀巨象）

o'mnibus ⓝ 公共馬車（汽車）。

o'mnic'ompetent ⓐ 全權的。

omnidirectional ⓐ 全方向的。

omnifarious ⓐ 多方面的。

omn'ipotence ⓝ 全能。

omnipr'esence ⓝ 遍在。

omnir'ange ⓝ 多向導航系統。

omn'iscience ⓝ 全知，神。

omnium-g'atherum ⓝ 雜湊。

omnivore ⓝ 不偏食的人（動物）。

補充：

ophth'almia ⓝ 眼炎。

ophth'almic ⓐ ⓝ 眼睛，眼炎（藥）。

ophthalm'ology ⓝ 眼科學。

ophth'almoscope ⓝ 檢眼鏡。

opt'ometer ⓝ 視力計。

opt'ometrist ⓝ 驗光師（者）。

opt'ometry ⓝ 驗光（法）。

o'ptic ⓐⓝ 視力，眼睛，透鏡。

ⓐ：o'ptical

opt'ician ⓝ 光學儀器商（廠）。

o'ptics ⓝ 光學。

130. oo-, oval-, ovi-：「卵」之結合詞。

o'oc'yte <o'uəs'ait> ⓝ 卵母細胞。

o'ög'enesis ⓝ 卵形成。

o'ög'onium ⓝ 卵原細胞，造卵器。

o'ölite ⓝ (地) 魚卵狀岩。

oö'logy ⓝ 鳥卵學。

oomph ⓝ 性魅力，精神。

o'ophor'itis ⓝ 卵巢炎。

o'va ⓝ (pl)：卵，卵子，卵形建築。

o'vum ⓝ (si)：—,—,—.

o'val ⓐⓝ：卵形（物，體）=o'void

ov'arian ⓐ 子房，卵巢的。

ov'ario'tomy ⓝ 卵巢切開（術）。

o'var'it is ⓝ 卵巢炎。
/qi/

o'vary ⓝ 子房，卵巢。

o'vate ⓐ 卵形的。=o'viform.

o'viduct ⓝ 卵管，喇叭管。

ov'iparous ⓐ 卵生的。

o'vip'osit ⓥ 排卵，產卵。
/z/

ov'ip'ositor ⓝ 產卵管。

o'vular ⓐ 卵子，胚株的。ⓝ：o'vule
/ju/

o'voviv'iparous ⓐ 卵胎生的。

o'vulate (vi) 排卵。ⓝ：ovulation.

補充：o'live ⓝ 橄欖。ⓐ：o'livary, 橄欖形，卵形的。

131. ornitho-：「鳥」之意結合詞。

o'rnith'ology ⓝ 鳥類學，ⓐ：o'rnithological, 鳥類學的。

o'rnith'ologist ⓝ 鳥類學者。

o'rnithorh'ynchus <'o:niθcur'uxɔs> ⓝ 鴨嘴獸（=duckbill）

補充：ichthy'ornis ⓝ 魚鳥

'Aves ⓝ (pl) 鳥類。

132. orth-, ortho-：「正，直」結合詞。

orth'opteran=orth'opteron ⓝ 直翅類昆蟲（如 cr'icket：蟋蟀）。

o'rthochrom'atic ⓐ 整色性的。

o'rthoclase ⓝ 正長石。

o'rthod'ontia ⓝ 牙齒矯正（術）。

o'rthod'ontics ⓝ = 牙齒矯正（術）。

o'rthodox ⓐ 正統，正教的。

o'rthodoxy ⓝ 正統，正教。

o'rthoepy ⓝ 正確發音法（學）。

o'rthog'enesis ⓝ 定向進化，系統發生說。

orth'ogonal ⓐ 直角的，直交的。

orth'ography ⓝ 正確拼字，正射影法。

orthop'(a)edics ⓝ (pl) 整形外科（手術）。

o'rthopsych'iatry ⓝ 矯正精神醫學。

orth'optera ⓝ =orth'opteran

orth'optic ⓐ 直視的，視軸矯正的。

補充：

o'ral ⓐ 口頭，口部，口述。ⓝ —,—,—

o'racle ⓝ 神諭，賢者，聖言，預言。

ⓐ：or'acular

or'ate ⓥ 講演，敘述。（ⓝ：oration）

o'ratory ⓝ —,— 雄辯（術）。（另：祈禱所）

orat'orio ⓝ（一種）神劇。

st'oma ⓝ 口，氣孔。（ⓟⓛ：stomata）

stomat'ology ⓝ 口腔病學。

st'omatitis ⓝ 口內炎，口腔炎。

stomach ⓝ 胃。

133. os, oss-, ostec-：「骨」之結合詞。

os ⓝⓢⓘⓛ：骨。ⓟⓛ：o'ssa

o'ssein ⓝ 骨，骨素，ⓐ：o'sseous

o'ssicle ⓝ 小骨。

o'ssification ⓝ 變骨，骨化。

o'ssify ⓥ —,—.

o'ssuary ⓝ 藏骨堂，骨缶，骨穴。

o'steoarth'ritis ⓝ 骨關節炎。

o'steoblast ⓝ 造骨細胞。

osteo'logy ⓝ 骨學。

o'steom'yelitis ⓝ 骨髓炎。

osteo'pathy ⓝ 整骨療法，按摩。

o'steopath ⓝ 整骨療法家。

osteo'pathist ⓝ =整骨療法家。

o'steopor'osis ⓝ 骨質疏鬆症。

補充：phren'ology ⓝ 骨相學。

perio'steum ⓝ 骨膜。

periost'itis ⓝ 骨膜炎。

134. oxi-, oxy-, ozo-：「氧」結合詞。

o'xidate = o'xidize = ox'ygenate = ox'ygenize ⓥ 氧化。

o'xid = o'xide ⓝ 氧化物。

o'xid'ation = o'xidiz'ation = o'xygen'ation ⓝ 氧化。

o'xyac'etylene ⓐ 氧乙炔的。

o'xygen ⓝ 氧。o'xy'acid ⓝ 含氧酸。o'xysalt ⓝ 含氧酸鹽。

ox'ygenous ⓐ 含氧的。

o'xyh'(a)emogl'obin ⓝ 氧基血紅
　素。

o'xyh'ydrogen ⓐ 氫氧的。

o'zone ⓝ 臭氧，新鮮空氣。ⓐ：
　oz'onic, o'zon'iferous.

o'zonize ⓥ 成臭氧，使含臭氧。

o'zonizer ⓝ 臭氧管，臭氧發生
　器。（另：o'zoner=drive-in
　theater）。

oz'onosphere ⓝ 臭氧層（20-40
　哩）。

135. out：外面，超過，出來之意。

outage ⓝ 停電。

outcome ⓝ 結果。

outdated ⓐ 過時的。

outdo ⓥ 勝過。

outline ⓝ 外形。

outnumber ⓥ 外形。

outnumber ⓥ 比⋯多。

outright ⓐⓓⓥ 坦白地。

outskirts ⓝ 市郊。

136. over：超過、在上之意

overcharge ⓥ 索價過高。

overcoat ⓝ 外套。

overcome ⓥ 克服，擊敗。

overdo ⓥ 過分，用得太多。

overdrawn ⓐ 誇張的，透支的。

overdue ⓐ 過期的，遲到的。

overflow ⓥ 犯濫。

overlook ⓥ 俯視。

overseas ⓐ 海外的。

overtime ⓝ 加班時間。

P之部

137. paleo-, palaeo-：「古」的結合詞。

paleobotany ⓝ古植物學。

paleoc'ene ⓐⓝ (地)：第三紀（古新世的）。（Eocene ⓐⓝ 原始新世）

p'ale'ography ⓝ古文書（學）。

p'aleclith n 舊石器。ⓐ ~ic：舊石器時代的。（eolith ⓝ 原始石器）

p'aleont'ology ⓝ古生物學。

p'aleozoic ⓐⓝ古生代（層）的。

補充：類同：

archaeology ⓝ考古學。

Archaeozoic, Archeoz'oic ⓐⓝ始生代。

Arch'aian, Arch'ean ⓐ太古代的。

archaism ⓝ古風，古體，古語。

a'ncient <e'insənt> ⓐⓝ 古代，古人，老人。

a'ncienne nobl'esse Ⓕ舊貴族

anci'en re'gime Ⓕ舊制度。

a'ncestry ⓝ (集) 祖先，世系，家譜。

ancestor ⓝ祖先，先驅。

138. ant'iqu：古；pel-, puls-：驅，推。

pend-, pens-：懸掛，權衡；pet-, petit-：尋，奮斗。

ant'ique <unt'i:k> ⓐⓝ 古代（物，風，體）。

ant'iquity ⓝ—,—,—.

'antiquate (vt) 使古舊。

'antiquary <æ'entikwəri> ⓝ古物研究家（商）。

'antiq'uarianize (vi) 耽迷於古物蒐集。

'antiq'uarian ⓐⓝ古物研蒐家

compulsion,impulse ⓝ強迫，推進

rep'el ⓥ拒絕，排斥。

suspend ⓝ 懸掛，延緩。

exp'ense ⓝ 花費，支出。

'appetite ⓝ 慾望，嗜好。

comp'ete ⓥ 競爭，對抗。

ⓝ：competition.

petion ⓥ 請求。

repetion ⓝ 重做。

139. pan-, panto-：「全，總，泛」結合詞。

p'anac'ea ⓝ 萬能藥。

pan-Anglican ⓐ 全英國教會（會議）的。

p'anchrom'atic ⓐ 全色的。

p'andect ⓝ 法令全書，總覽。

pand'emic ⓐ 全國（世界）流行的。

p'andemonium ⓝ 群魔殿，大混亂。

pan'ache, p'aneg'yric ⓝ 誇大，讚頌。

p'anegyrize ⓥ 頌揚。

panh'ellenism ⓝ 泛希臘主義。

p'an-Isl'amic ⓐ 泛（全）回教界的。

p'anoply ⓝ 全套盔甲。

pan'optic, panor'amic ⓐ 全景的。

pan'opticon ⓝ 圓形監獄。

panor'ama ⓝ 全景，迴轉畫，概況。

p'antheism ⓝ 泛神論，多神教。

panth'eon ⓝ 忠烈祠，眾神殿。

pantis'ocracy ⓝ 理想的平等社會。

p'antosc'opic ⓐ 視界廣闊的。

140. para-：「側面，接正，超越，錯誤」之意。

para-：「防護」的結合詞。

para-：「降落傘」的結合詞。

par'achronism ⓝ 年代誤記。

p'aradox ⓝ 弔詭，詭論（人，事）。

p'araling'uistics ⓝ 次語言學。

paralipsis, paral'eipsis ⓝ 假省筆法。

p'arallax ⓝ 視差。

par'ade ⓥⓝ 遊行，誇示，閱兵。

p'arallel ⓥⓝⓐ 平行（線），同方

向。

p'arallel'epiped ⑩平行大面體。

p'arall'elogram ⑩平行四邊形。

par'alogism ⑩謬論，背理。

p'aramount ⑩⑧：勝過，君主，至高。

p'aranormal ⑧超過正常的。

p'arap'legia ⑩半身不遂。

parapsych'ology ⑩超心理學。

p'arasite ⑩ 寄食，寄生（動植物）。

parat'axis ⑩並列↔hypotaxis

parath'yroid ⑧副甲狀腺的。

parat'yphoid ⑧⑩副傷寒。

p'araclete ⑩辯護人，安慰者。

parapet ⑩欄杆，扶手，胸牆。

p'arados ⑩背牆（築）。

p'arachute ⑩降落傘，風散種子。

p'arachutist,-chuter：⑩傘兵。

par'abola ⑩拋物線。

p'aradise ⑩天堂，絕景。

p'aradr'op ⑩⑦空投。

p'aras'ol ⑩陽傘，高翼單翼飛機。

paratro'oper ⑩傘兵。

p'aratroops ⑩傘兵部隊。

p'aravion ⑩ Ⓕ航空郵遞。

141. path-, patho-：「疾病，痛苦」之意結合詞。（pathy：感情，疾病，療法之意）

path'etic=path'etical ⑧悲傷，感傷的。

pathog'enesis ⑩ 病因，發生。⑧：pathog'enic

pathogeny⑩病因，病原論，疾病學。

path'ology ⑩ 病理學，病理，病狀。

p'athos⑩悲愴，悲情。

補充：ant'ipathy⑩反感，憎惡。

142. pater-, patri-：「父」之意結合詞。

p'ater⑩俗：父親。

p'aterfam'ilias⑩家長。

pat'ernal⑧像父親的，世襲的。

pat'ernalism ⓝ 家長式作風（主義）。

paternity ⓝ 父道，父權，父系。

p'atriarch ⓝ 家長，長老。
　　　/k/

p'atriarchate ⓝ：patriarch 的職權。

p'atriarchy ⓝ 家長（族長）統治制。

patr'ician ⓐⓝ 貴族 ↔ plebeian

patr'iciate ⓝ 貴族階級。

p'atricide ⓝ 弒父。

p'atrimony ⓝ 世襲財產，家傳。

p'atriot ⓝ 愛國者。

p'atriotism ⓝ 愛國心。

patr'istic ⓐ 教父的。

---

143. ped-, pedi-,「足，腳」之意。

p'edal ⓝ 踏板。

pedal'o ⓝ 腳踏船（pedal boat）

p'edate ⓐ 腳狀的，有腳的。peddle ⓥ：挑賣，傳播。

p'edestal ⓝⓥ 柱腳，架，支持。

ped'estrian ⓐⓝ 步行（者），徒行

主義者，散文體的。～island：安全島。

pedic'ab ⓝ 三輪車。

p'edicure ⓝ 腳治療（師），修趾甲術。

pedif'orm ⓐ 腳形的。

p'edimont ⓝ 三角牆，山形牆。

ped'ometer ⓝ 步程計。

---

144. pent-, penta-：「五」的結合詞。
quin-, quinqu-, quinque-, quint-：「五」結合詞。

p'entachord ⓝ 五弦琴，五音階。

p'entacle = p'entagram ⓝ 五芒星形。

p'entad ⓝ 五，五個一組，五年。

p'entagon ⓝ 五角（邊）形。（美國國防部的）五角大廈；美國國防部。

pentad'actyl ⓐ 有五指的。

p'entah'edra ⓝ ⓟⓛ：五面體。

p'entah'edron ⓝ ⓢⓘ：——。

pent'amerous ⓐ 五部份組成的。

pent'ameter ⓝ 五步格。

（her'oic verse 英雄史詩）＝五步格

p'entane ⑩ 戊烷。

p'entarchy ⑩ 五頭統治，五國聯合。

p'entas'yllable ⑩ 五音節。

p'entateuch ⑩ 摩西五書。

pent'athlon ⑩ 五項運動。

pentatonic ⓐ 五音階的。

p'entecost ⓐ 五旬節。

p'entode ⑩ 五極真空管。

補充：

quinary ⓐ 五個一組的。

quinc'ent'enary ⑩ ⓐ 五百年（紀念）。

quincunx ⑩ 五點形，梅花形。

quingent'enary＝quinc'entenary

quinquagen'arian ⓐ ⑩ 五十歲（人）。

quinquagenary ⓐ ⑩＝ 五十歲（人）。

quinqu'angular ⓐ 五角形的。

quinquef'oliolate ⓐ 五葉的。

quinqnenniad ⑩ 五年期間。

quinquennium ⑩＝五年期間。

quinquepartite ⓐ 分成五部的。

quinquereme ⑩ ⑥ 五段櫂船。

qu'inquev'alent ⓐ 五價（原子）的。

quins ⓐ ⑫ 五胞胎。

quint ⑩ 同花順，五度音階。

quintuplet ⓐ 五個一組。＝五度音階。

quintan ⓐⓝ 五日熱。

quinte ⑩ （劍）第五姿勢

quint'essence ⑩ 第五元素，精粹。

quint'et(te) ⑩ 五重唱（奏），五個一組。

quintuple ⓥ ⓐ ⓐ 五倍。

quint'uplicate ⓥ ⓝ ⓐ 五倍（份）。

q'uintus ⓐ 第五名。

145. per-：「完全」，「極，甚」，「過」之意。

per'ambulate ⓥ 巡行，勘查。

percent ⑩ 分百比。

perd'ure ⓥ 持久，繼續，長生。

p'erf'ect ⓥ ⑩ ⓐ 完全，改良，無瑕。

perf'orm ⓥ 完成，表演，實行。

p'ermanence ⓝ永久，耐久。

perp'etuate ⓥ永存，不朽。

perf'ervid ⓐ非常熱心的。

p'ersev'ere ⓥ監忍，固執。

perchl'oride ⓝ過氯化物。

p'ercolator ⓝ過濾器。

perf'oliate ⓐ貫穿性的。

p'erforate ⓥ穿孔，貫穿。

perm'anganate ⓝ過錳酸鹽。

p'ermeate ⓥ透過，浸透。

pero'xide ⓝ過氧化物。

'pervious ⓐ可通過的。

perv'ade ⓥ普級，擴散，滲透。

146. peri- :「周圍，附近」之意。

p'erianth ⓝ花被。

p'eriapt ⓝ護身符（=amulet）

peric'ardium ⓝ心包，心囊。

pericard'it is ⓝ心囊炎。

p'ericarp ⓝ果皮。

p'ericr'anium ⓝ 頭蓋骨（膜），腦。

perid'erm ⓝ⑱ 周皮。

p'erigee ⓝ近地點 ↔ apogee.

p'erih'elion ⓝ近日點 ↔ aph'elion.

peril'une ⓝ近月點 ↔ apolune.

per'imeter ⓝ周圍，周界。

p'eriod <'piəriəd> ⓝ期間，周期，時代。

period'ontal ⓐ牙齒周圍。

periosteum ⓝ骨膜。

per'iphery ⓝ周圍，外緣，末稍。

p'eriphrase ⓝ彎轉地說。

147. petr-, petro- :「岩，石」結合詞。

petrif'action ⓝ 化石，石化，發呆。

petrific'ation ⓝ=石化。

p'etrify ⓥ———。

petroch'emistry ⓝ石油化學，岩石化學。

petroch'emical ⓐ ⓝ 石化的（製品）。

p'etroglyph ⓝ岩石雕刻。

p'etrograph ⓝ岩石碑文。

petr'ography ⓝ岩石記述學。

p'etrol ⓝ汽油。

p'etrol'atum ⓝ凡士林油，礦油。

petr'oleum ⓝ石油。

petr'ology ⓝ岩石學。

p'etrous ⓐ岩石的，堅硬的。

petrol'iferous ⓐ產油的。

148. phen-, pheno-：「benzene 苯衍生的結合詞」。

phenix='phoenix ⓝ鳳凰。

phenicia=phoen'icia ⓝ腓尼基。

phenob'arbital ⓝ一種安眠劑。

phenol ⓝ酚，石碳酸。

phen'ology ⓝ生物氣候學。

phenolphth'alein ⓝ酚酯。

phenom ⓝ天才。

phenomena ⓝ ⓟⓛ 現象。

ph'enyl ⓝ苯基。

benzene ⓝ苯。=b'enzol

b'enzine ⓝ石油精。=b'enzol'ine

b'enzoin ⓝ安息香（一種樹脂）。

b'enzoate ⓝ安息香酸鹽。

b'enzyl ⓝ苯甲基。

149. phil-, philo-：「愛」之意。

phil'ander ⓥ漁色，追逐女人。

phil'anthropy ⓝ博愛，慈善。

phil'ately ⓝ集郵。

philharm'onic ⓐⓝ愛樂，音樂會。

philh'ellene / philh'ellenist ⓝ愛（親）希臘者。

phillumenist ⓝ火柴盒收藏家。

phil'ogyny ⓝ愛女人。

phil'ology / ㊮：linguistics ⓝ語言學，文獻學。

philoprog'enitive ⓐ 愛小孩，多產的。

phil'osophy ⓝ 哲學，愛智，哲理。

phil'osopher ⓝ哲學家，賢者。

phil'osophism=s'ophism：哲學的思索。

philosophist ⓝ偽哲學家。

（S'ophist ⓝ 詭辯家，學者）=偽哲學家。

ph'ilter ⓝⓥ春藥。

150. phon-, phono-：「音，聲」結合詞。

phon ⓝ音響強度單位。

phonation ⓝ 發音（聲）。ⓥⓘ：phon'ate.

phone ⓝⓥ電話，耳機，聲音，打電話。

（telephone 電話，earphone 耳機）

phonebo'oth ⓝ公用電話。

p'honeme ⓝ音素。

p'honem'atic ⓐ音素=phon'emic.

phon'emics ⓝ音素論。

phon'etics ⓝ語音學。

phon'eticism ⓝ音標法。

phonics, phon'etics ⓝ 發音教學法。

phonog'enic ⓐ音響好的。

ph'onogram ⓝ唱片，同音節。

ph'onograph ⓝ電唱機。

（㊕：gramophone）

phon'ography ⓝ（依音）速記。

ph'onolite ⓝ響石，響岩。

phon'ology ⓝ音韻學，語音學。

phono'meter ⓝ測音器。

ph'onon ⓝ聲子。

ph'onophore
ph'onopore ⓝ電信電話共同裝置。

p'honoscope ⓝ檢絃器。

ph'onotypy ⓝ音標鉛字，速記法。

151. phosph-、phospho-：「磷、燐」結合詞。

ph'osphate <f'ɔsfeit> ⓝ磷酸鹽，磷酸肥料，加磷酸汽水。

ph'osphide ⓝ磷化的。ph'osphine ⓝ磷化氫。

ph'osphite ⓝ亞磷酸鹽。

ph'sophor ⓝ 螢光體，磷。=ph'osphorus。ph'osphorite 磷礦。

ph'osphopr'otein ⓝ磷蛋白質。

ph'osphorate ⓥⓣ 加磷，發出磷光。ph'osphor'esce ⓥⓘ —,—。

phosphorism ⓝ慢性磷中毒。

152. phot-, photo-：「光，照相，相片」結合詞。

phot：ⓝ輻透（照明單位）。

p'hoto ⓥⓝ照相，照片。

photobio'tic ⓐ靠光生存的。

photoc'ell ⓝ光電池。

photoch'romism ⓝ對光變色。

ph'otochromy ⓝ彩色照相術。

photochron'ography ⓝ 動態照相術。

photocompos'ition ⓝ照相排板。

photoel'asticity ⓝ光彈性。

photoemission ⓝ光電效應。

photogr'ammetry ⓝ空照測量。

photol'itho,～graph ⓥⓝ照相石版。

photomontage ⓝ集錦照相。

photon ⓝ光子。

photoneutron ⓝ光中子。

ph'otosphere ⓝ光球。

photostat ⓥⓝ複印照片。

ph'otot'axis,-taxy ⓝ趨光性。

photot'elegraph ⓥ ⓝ 傳 真（機，照）。

phot'otonus ⓝ感光性。

phototropism ⓝ向光性。

photot'ypes'etting

phototypography ｝ⓝ照相排板。

photozinc'ography ⓝ照相鋅板術。

ph'ototypy ⓝ凸板照相。

153. phyl-, phylo-：「種族」接合詞。

p'hyle <'faili> ⓝ種族。（phr'atry ⓝ氏族（集團））。

phyl'etic ⓐ種族，種類的。

phylog'enesis, phyl'ogeny ⓝ系統發生（學）。

ⓐ ph'ylogen'etic, phylog'enic －，種族的。

p'hylum ⓝ 門（動植物的最高分類），語系。

154. physic-：「物質，天然，肉體」之意。

physical ⓐ物質，自然，物理，肉體的。 ↔mental,moral,spiritual.

physiatrics,-ry=physical therapy physintrist ⓝ物理治療師。

physic ⓥ ⓝ 治療，醫術。physioth'erapy ⓝ物理療法。

phys'ician ⓝ醫師，內科醫師。

p'hysicist ⓝ 物理學者，唯物論

者。ph'ysics ⓝ 物理學（現象）。

physio'cracy ⓝ重農主義（十八世紀法國 Quesnay 的學說）。

physio'gnomy ⓝ人相（學）。

physio'graphy ⓝ 地相學，地形學，地文學，自然象誌。

physio'logy ⓝ 生理學，生理機能。

155. phyt-, phyto-, phyte-：「植物」之意。

phytogenesis ⓝ植物發生論。

ph'ytoh'ormone ⓝ植物性荷爾蒙。

補充：sp'orophyl(l).ⓝ胞子葉，芽胞葉。

sp'orophyte ⓝ 胞子體，芽胞植物。

prot'ophyta ⓝ ⓟⓛ 原生植物。

'zygophyte ⓝ接合植物。

th'allophyte ⓝ葉狀植物。

156. pneum-, pneumato-：「空氣，呼吸，精神，肺」之意。

pneumatic ⓐ 空氣，氣體，靈氣的。ⓝ氣胎，靈的存在。

pneumatics <nju:m'ietiks> ⓝ 氣學。

pneumatology ⓝ 靈物學，聖靈學。

pneumatometer ⓝ肺沽量計。

pn'eumatophore ⓝ昆蟲的氣腔，呼吸根。

pneumobac'illus ⓝ肺炎桿菌。

pneumococcus ⓝ肺炎球菌。

pneumoc'onio'sis ⓝ肺塵症。

pneumog'astric ⓐ 肺和胃的。～nerves 迷走神經。

pneum'onia ⓝ肺炎。

157. poli-, polit-：「政治上」有關的。

pol'ice <pəl'i:s> ⓝ警察，治安。

pol'ice court 違警法庭。

police magistrate 違警法庭法官。

p'olicy <'paləsi> ⓝ 政策，方針，智謀。

p'olicy of assurance
insurance p'olicy
} 保險單。

p'olicyh'older ⓝ 保險客戶。

p'olis=citystate ⓝ 城市國家。

p'olity ⓝ 政治，政體，政府，國家。

p'olitburo
p'olitbureau
} (俄) 政治局。

pres'idium（1952 年起稱）→主席團。

pol'ite ⓐ 有禮，殷勤，有教養的。

pol'itical ⓐ 政治的。

p'olitic ⓐ 深思，巧妙，權謀的。

polit'ician=pol'itico ⓝ 政客，策士。

（statesman：政治家）

p'olitics ⓝ 政治學，政治，政綱。

158. poly-：「多，聚」之意↔mono-

p'olyandry ⓝ 一妻多夫，多雄蕊。

pol'ygamy ⓝ 一夫多妻。

pol'ygyny ⓝ——。

polya'nthus=oxlip ⓝ 水仙。

Narc'issus ⓝ 水仙。

hydr'angea ⓝ 水仙。

polychrome ⓐⓝ 多彩。

polyclinic ⓝ 綜合醫院。

polye'ster ⓝ 多元酯。

polye'thylene ⓝ 聚乙烯（polyth'ene）

p'olygon ⓝ 多角形，多邊形。

p'olygraph ⓝ 複寫器，多產作家，測謊器。

polymath ⓝ 博學者。

p'olymer ⓝ 聚合體。

p'olym'orph ⓝ 多形體，同質異象。

polyph'agia ⓝ 多食症，雜食症。

pol'yphony ⓝ 多音多響。

p'olypl'oid ⓐⓝ 倍數體（的）。

polyrh'ythm ⓝ 多旋律。

polys'accharide ⓝ 多糖類。

polys'emy ⓝ意義分歧（性）。

p'olytheism ⓝ多神教。

polypr'opylene ⓝ聚丙稀。

polyton'ality ⓝ多調性。

---

159. post ①「郵政，郵遞」之意。
　　②「後，次」結合詞↔pre-

p'ostage ⓝ郵資。

p'ostage stamp 郵票。

p'ostal ⓐ郵政的。ⓝ＝～card.

p'ostbag ⓝ郵袋。

post boat 郵船。

post box 郵箱。

postboy＝post'il(l)ion ⓝ郵差。

postcard ⓝ明信片。

post chaise 郵遞馬車。

postc'ode ⓝ郵遞區號。

poster ⓝ腳伕，驛馬。（海報）。

p'oste rest'ante ⓝ留局（待領處）

post-horse ⓝ驛馬，快馬。

posthouse ⓝ驛舍。

post town 有郵局的市鎮，驛站。

postmark ⓥⓝ郵戳。

postm'aster ⓝ郵局局長。

postman ⓝ郵差。

post office 郵局。

post-'office ⓐ郵局，郵政的。

postp'aid ⓐ郵資已付的。

postb'ellum ⓐ戰後的。

postd'ate ⓥⓝ遲填日期，事後日期。

p'ostdil'uvian ⓐⓝ諾亞洪水後的（人）。

postd'octoral ⓐ博士後研究的。

post'erior ⓐⓝ後部（的）。

post'erio'rity ⓝ在後，後天性。

post'erity ⓝ子孫，後裔。

postgr'aduate ⓐⓝ大學畢業後的，研究生。

p'osthumous ⓐ在後的。

postm'ortem ⓐⓝ死後的，驗屍。

p'osthypn'otic ⓐ催眠後的。

p'ostliminium

postl'iminy ⎫ⓝ戰後恢復原文(權)

p'ostlude ⓝ後奏曲，終曲。

postmeridian ⓐ午後（P.M）

postn'asal ⓐ鼻後的。

postn'atal ⓐ 出生後的。

postn'uptial ⓐ 婚後的。

post-obit ⓐⓝ 死後有效。

posto'rbital ⓐ 眼窩後部的。

postp'artum ⓐ 產後的。

postp'one ⓥ 延後。

postpr'andial ⓐ 餐後的。

p'ostscript ⓝ 後記，跋，但書。

160. pre- 「前，先，預」之意。

prea'damite ⓐ ⓝ 亞當以前的（人）。

prea'dol'escence ⓝ 思春期前。

prea'mble, pr'eface ⓝ 前言，序文。

pr'earr'ange ⓥ 預先安排。

prea'udience ⓝ 先述權。

prec'ambrian ⓐⓝ 前寒武紀。

preca'ution ⓝ 留心，警戒。

prec'ede ⓥ 搶先，前導。

pr'ecept ⓝ 格言，訓誡，命令者。

precl'ude ⓥ 妨礙，阻止。

prec'ocity ⓝ 早熟，早成。

precogn'ition ⓝ 先知。

pr'econc'eive ⓥⓣ 預想，偏見。

pr'econc'ert ⓥⓣ 預先協定（洽商）。

prec'ursor ⓝ 前兆，先驅（者）。

pr'edec'essor ⓝ 前任者，先祖。

pred'estinate ⓥⓣⓐ：命定，註定。

pred'estine ⓥⓣ ＝命定。

pred'ict＝prophesy ⓥ 預報，預測。

predisp'ose ⓥ 傾向。
　　　　/z/

pred'ominate ⓥ 卓越，統治。

pree'minence ⓝ 卓越，超群。

pree'mpt ⓥⓣ 先取，先占。

pre'eng'age ⓥⓣ 預約。

pref'er ⓥⓣ 較喜歡，提出，優先。

pr'eference ⓝ ———.

pref'igure ⓥⓣ 預想，預示。

preind'uction ⓐ 入伍前的。

prejudice ⓥⓣⓝ 偏見，偏愛。

prelim, prel'iminary ⓝ 預備考試。

prelude ⓥⓝ 序文，前言，開場白。

prem'editate ⓥ 預先考慮。

pre'mier ⓐⓝ 最初，首相。

（ⓝ：＝prime minister）

pr'em'ise ⓝⓥ前提。

pr'emonition ⓝ預告，徵兆。

pr'eordain ⓥⓣ 預定，命定。

prep'ense ⓐ預先。

presage ⓥⓝ預知，預感。

pre'science ⓝ預知，先見。

pres'entiment ⓝ預感，預覺。

preserve ⓥ留心，維持，保全。

prevent ⓥ預防，妨礙。

preview ⓝⓥ：試演，預告片。

previse ⓥ預知。

pretrial ⓐⓝ審判前，事先審理。

pres'ume ⓥ推測，假定。

presuppose ⓥⓣ 預先假定，預料。

161. preter-「過，超」之意。

pr'eterh'uman ⓐ超人的，異于常人的。

pr'eterit, pr'eterite ⓐ ⓝ 過去式（的）。

preter'ition ⓝ省略，遺漏。

㊺=paralipsis：遺囑中遺漏法定繼承人的部份。

pretern'atural ⓐ超自然的，不可思議的。

preters'ensual ⓐ超感覺的，感覺不到的。

補充：pr'eterm'it ⓥⓣ 遺漏，怠慢，默認，置之不問。

ⓝ pr'eterm'ission————。

presbyo'pia ⓝ老花眼，遠視眼。

presbyo'pic ⓐⓝ－－（者）。

pr'esbyter ⓝ 牧師（priest），長老。

pr'esbyt'erian ⓐⓝ長老會（員）。

presbyt'erianism ⓝ 長老會制（主義）。

pr'esbytery ⓝ長老會。

附補：geriatr'ician、geria'trist ⓝ老人病學者（醫生）。

geria'trics ⓝ老人病學（科）。

geront'ocracy ⓝ 老人政治（政府）。

geront'ology ⓝ老化現象研究。

162. pro-：「職業，贊成，代用，前，向外，按…」之意。

pro：ⓐⓝ職業，專業的。

prof'ession ⓝ職業，同業，宣言。

professional ⓐⓝ 專業，專家（=pro）。

professor ⓝ 教授，老師，聲言者。

professorate / professoriate ⓝ教授會（任期）。

prof'iciency ⓝ精通，精練。

prof'icient ⓐⓝ——高手。

pro：ⓝ 贊成（者，論），贊成票。

pros and cons：正反雙方。

procl'ivity ⓝ傾向，癖性，氣質。

prone ⓐ——。易患…的。

proneness ⓝ———。

prop'ensity ⓝ———。

prop'ose ⓥ提案，建議，計劃，求婚。

proposal, propos'ition ⓝ————。

prot'ect ⓥ防衛，保護，安全。

pro-American 親美國。

pr'octor ⓝ 代理人，代書，訓導長。

procur'ation ⓝ 代理，委任，獲得。

pr'ocurator ⓝ代理人，地方官。

prol'ocutor ⓝ議長，代辯者。

pr'onoun ⓝ代名詞。

prot'ectorate ⓝ 攝政，保護國（地）。

pr'overb ⓝ 代動詞。（諺語，箴言）。

pr'oxy ⓝ代理（人，物，權）。

proc'ambium ⓝ㊭前形成層。

proc'eed ⓥⓘ 進行，處理。ⓝ：pr'ocess.

pr'oem, pr'oleg'omena, pr'olog, prol'usion ⓝ序言，開場白。

progn'osis, prol'epsis, pr'ophecy ⓝ 預知，預測。

pr'ogress ⓥⓝ進展，發展，前進。

pron'ucleus ⓝ前核，生殖核。

prop'ulsion ⓝ推進（力）。

pro'state ⓐⓝ前列腺。

prothalamion,-mium ⓝ 結婚前祝歌。

proth'orax ⓝ前胸。

prov'ide ⓥ 預備，提供。ⓝ prov'ision.

procl'aim ⓥ 公告，宣言。（=declare）

profile ⓥⓝ 外形，側面，人物評論。

proletarian, prolet'ariate ⓐⓝ 普羅階級。

promulgate ⓥⓣ 公佈，發表，宣傳。

pronounce ⓥ 發音，宣言，斷言。

pron'unciam'ento ⓝ 宣言。

propag'anda ⓝ 宣傳。

pr'opagate ⓥ 宣傳，繁殖，普及。

proptosis ⓝ 突出。

prospect ⓝ 眼界，眺望，展望。

protr'act ⓥⓣ 突出，伸出，延長。

protrude ⓥ 突出，露出。

probab'ility ⓝ 或然率，盡然性。

program ⓝ 程序表，計劃（表）。

proh'ibit ⓥⓣ（依法的）禁令，禁止。

project ⓥⓝ 計劃，投出，凸出。

promise ⓝ 契約，約定，希望。

proof ⓝ 證據，實驗。

prop'ortion ⓝⓥ 比率，比例，分配。

pror'ate ⓥ 比例分配。

provid'ential ⓐ 按照天意的，天理的。

163. proto-：「初，原，原始」之意結合詞。

pr'otoact'inium=protact'inium ⓝ 鏷

pr'otocol ⓥⓝ 原案，調查書，擬訂。

pr'otol'ithic='eol'ithic ⓐ 原始石器時代的，ⓝ：eol'ith

pr'otom'artyr ⓝ 最初殉教者。

pr'oton ⓝ 質子。

proton'ema ⓝ 原絲體。

proton'otary ⓝ 首席書記官。

prot'ophyta ⓝ ⓟⓛ 原生植物。pr'otoplasm ⓝ 原形質。

pr'otozoo'logy ⓝ 原生動物學。pr'otoplast ⓝ 原生物，創造主。

protoz'oa ⓝ ⓟⓛ 原生動物類。protoz'oan ⓐⓝ 原生動物（的）。

pr'ototype ⓝ 原型，標準，模範。

164. pseud-, pseudo-：「偽，擬，假」之結合詞。

ps'eudep'igrapha ＜psj'u:dɒp'igrofɔ＞ⓝ偽經。

ps'eudo ⓐ假的，冒充的。

ps'eudocarp ⓝ假果。

pseudoclassicism ⓝ擬古典主義，擬古體。

pseudogr'aph ⓝ偽書，偽作，偽造文件。

pseudom'orph ⓝⓐ偽形，假晶。

pseudomyo'pia ⓝ假性近視。（op-tic ⓐⓝ, ophth'almic ⓐ眼睛）

pseud, pseudonym ⓝ匿名，筆名，雅號。

pseudop'od=pseudopodium　　ⓝ（amoeba阿米巴、變形蟲的）假足，虛足。

ps'eudoscope ⓝ反影鏡。

補充：

n'om deg'uerre Ⓕ 假名，藝名。
　　/gɛə/

n'om de pl'ume Ⓕ 筆名，雅號。

165. psych-：「精神」結合詞。

ps'yche ＜s'aiki:＞ⓝ精神，靈魂。

ps'yched'elic ⓐⓝ 幻覺的，迷幻劑。

psych'iatry ⓝ精神病學（療法）。

ps'ychic, ps'ychical ⓐⓝ 心靈，靈媒。

ps'ycho ⓥⓝⓐ心理分析。

psychobio'logy ⓝ精神生物學。

psychodyn'amics ⓝ精神力學。

psychokin'esis ⓝ意志力。
　　/ai

ps'ychogr'am,-graph：ⓝ 心誌，視意像。

psych'ology ⓝ心理（學）。

psychologism ⓝ心理主義。

psychom'etrics, psych'ometry ⓝ心理測定學，神秘力。

psychom'otor ⓐ精神運動。

ps'ychoneuro'sis ⓝ精神神經病。

psych'opathy ⓝ精神病（療法）。

ps'ychopath ⓝ精神病患者。

psychopath'ology ⓝ精神病理學。

ps'ychoph'ysics ⓝ精神物理學。

psych'osis ⓝ精神病。

psychosu'rgery ⓝ 精神外科（學）。

psychoth'erap'eutics, psychoth'erapy ⓝ心理（精神）療法。

psych'otic ⓐⓝ精神病的（人）。

psychosom'atic ⓐ受心理影響的。

166. ptero-：「翼，羽」之意結合詞。

pterod'actyl <t'erətɛrəd'ækti> ⓝ 翼手龍。

pt'erosaur <t'erəs'ɔ> ⓝ翼手龍。

Diptera ⓝ雙翅類。

pterygoid ⓐ翼狀的。

補充：l'epid'opteran, l'epid'opteron：ⓐⓝ鱗翅類。

167. pyr-, pyro-：「火，熱」結合詞。

pyr'exia ⓝ 熱病，ⓐ pyr'exic。pyrot'oxin ⓝ熱毒素，發熱源。

pyr'ography=p'yrograv'ure ⓝ 烙畫（術）。

pyrom'ania, pyrom'aniac ⓐⓝ放火狂的（人）。

pyrot'echnics, pyrot'echny ⓝ 烟火製造（術）。

pyrot'echnic, -nical ⓐ 像烟火的，燦爛的。

p'yre <p'aiə> ⓝ火葬用的柴。

pyr'etic ⓐⓝ熱病的，解熱劑。

p'yrex ⓝ（商標名）耐熱玻璃。

pyrh'eli'ometer ⓝ日溫計。

poyroelectr'icity ⓝ焦熱電。

pyr'olatry ⓝ拜火教。

pyr'olysis ⓝ熱分解。

p'romancy ⓝ火占卜。

pyr'osis ⓝ胃灼熱。

p'yroxene ⓝ輝石。

pyr'oxylin(e) ⓝ綿火藥。

pyr'ometer ⓝ高溫計。

補充：

aoro'aster ⓝ 祆教始祖（前 1000 年）。

zoro'astrianism ⓝ祆教，陰陽教，拜火教。

Q 之部

168. quad, quadri-, quadru-, quar-, quart-, quarter-「四」的結合詞。

quadragen'arian ⓐⓝ 四十歲的（人）。

Quadragesima ⓝ 四旬齋，四十天。

quadr'angle ⓝ 四角形，四邊形。

quadrant ⓝ 四分圓，象限（儀）。

quad, quadrat ⓝ 嵌塊。

qu'adr'ates ⓥⓝ 正方形，使適合。

quadrennial ⓐ 繼續四年，每四年的。

quadricent'ennial ⓐⓝ 四百年（紀念）。

quadric'eps ⓝ 四頭肌。

quadriga ⓝ 四馬兩輪戰車。

quadrinomial ⓐⓝ 四項式。

quadrip'artite ⓐ 分成四組的。

quadr'oon ⓝ 1/4 混血兒。

quadrilateral ⓐⓝ 四邊形。

quadris'yllable ⓝ 四音節字。

quadrireme ⓝ（四排槳的）四段櫂船。

b'ireme ⓝ 古代船（上下兩層槳）。

t'rireme ⓝ 古戰船（三層槳）。

qu'inquereme ⓝ 五段櫂船。

quad'rivium ⓝ 四科（算，幾，天，音）。

t'rivium ⓝ 三科（文，邏，修）。

qu'adruped ⓝⓐ 四腳獸。

qu'adruple ⓥⓝ 四重，四部組成（的）。

qu'adruplet ⓝ 四組，四胞胎。

quadr'uplicate ⓥⓝⓐ 四倍。

quart <kwɔit> ⓝ 夸特，1/4 加侖。

quart <kait> ⓝ 四張同花順。

qu'artan ⓐⓝ 四日熱。

quart'ation ⓝ 四分法。

q'uarter ⓝ 1/4（時，季），夸特。

quart'et(te) ⓝ 四重（唱，奏，組）。

qu'artic ⓐⓝ 四次式。

qu'artile ⓝ 四分位數。

qu'arto（Q, 4to）ⓝ 四開。

qu'ater-cent'enary ⓝ 四百年祭。

quat'ernary ⓐⓝ 四個一組。

quat'ernion ⓝ 四個一組（人）。

quat'ernity ⓝ 四個一組，四位一體。

qu'atre=c'ater ⓝ(牌) 四紅，四點。

qu'atrain ⓝ 四行詩。

quatrefoil ⓝ 四瓣花，四葉片。

169. quasi-：「類似，疑似，準」之意。
（para-, semi-也能當「準」用）

qu'asi <kwa:zi> ⓐ ⓐⓓ 類似的，準的，表面上。

quasi-cholera 疑似霍亂。

quasi-contract 準契約。

quasi-war 準戰爭。

R 之部

170. rada-, radi-, radio-：「放射，輻射，光線，半徑，無線電」之意結合詞。

r'adarscope ⓝ 電波映像鏡。

r'adial ⓐ 光線，輻射的。ⓝ：radius

r'adian ⓝ 弧度。

r'adiance,-cy。radia'tion ⓝ 光輝，放射。

r'adiant ⓐⓝ——光點，光體。

r'adiate ⓥⓐ 放射，散發。

radiocob'alt ⓝ 放射性鈷。

radiodet'ector ⓝ 檢波器。

radiog'onio'meter ⓝ 無線電方位計。

r'adiogram, r'adiograph ⓝ 無線電報。

ra'diogram（radiogr'amopone）ⓝ 唱機。

radiograph ⓥ ⓝ X 光照片。

radioi'sotope ⓝ 放射性同位素。

r'adioloc'ate ⓥt 探測。

radioloc'ator＝radar。

radio'logy ⓝ X 光線學（科）。

radion'uclide ⓝ 放射性核物。

r'adiophone ⓝ 無線電話（機）。

radio'scopy ⓝ 放射線透視。

r'adium ⓝ 鐳。

radiu ⓝ 半徑，輻射線，領域。

171. re-：「再，互相，多，後，復原，反覆」之意。

（此類字形甚多例舉如下）

rea'ction ⓝ 反動，保守。

rea'ctivate ⓥt 恢復現役，再開工。

real'ign ⓥ 再編制，再結盟。

reassess ⓥt 重（評價，分攤，課稅）。

reass'ume ⓥt 再（取，接受，假定）

reb'aptism ⓝ 再洗禮，新命名。

reb'utter ⓝ 反證，反駁者。

rec'alcitrate ⓥ反抗，頑強。

recede ⓥ歸返，撤回，退役。ⓝ： recession.

rec'iprocate ⓥ 互 換，回 禮，往 復。

recommit ⓥ再託，再犯。

recompense ⓥⓝ回禮，回報。

recreate ⓥ 恢復活力，改造，休 養。

recriminate ⓥ相責，反唇相譏。

recrud'esce ⓥⓘ 復發，再起。

red'eem ⓥ買回，贖回，救出。ⓝ： red'emption.

red'uce ⓥ減少，降低，還原。ⓝ： red'uction.

reemerge ⓥ再出現。

reflect, r'eflex ⓥ ⓝ ⓐ：反 射，內 省。

reg'urgitate ⓥ逆流，反芻。

rehah'ilitate ⓥⓣ 復原（職，位， 權）。

reincarnate ⓐⓥ 再 生，投 胎，輪 迴。

reiterate ⓥ重覆（說，做）。

reject ⓥⓝ拒絕，駁回（品）。

rej'uvenate ⓥ回春＝rej'uvenize

relapse ⓝⓥ復舊，再發。

relate ⓥ講述，成關係。

r'elativism ⓝ相對論。

rel'ax ⓥ緩和，放鬆ⓝ： relax'ation.

rel'ease ⓥⓝ解放，鬆開，發射。

re-l'ease ⓥⓣ 重新（租，貸，契 約）。

rel'inquish ⓥ撤回，放棄，死心。

rel'uctance ⓝ反抗，抗爭，嫌惡。

rem'and ⓥⓝ還押，召回，送還。

r'emin'isce ⓥⓣ回憶，寫…回憶。

rem'it ⓥ匯出，豁免，發回。

rem'onstrance ⓝ 忠 告，抗 議 （書）。

ren'aissance, ren'ascence ⓝ再興， 復活。

ren'ew ⓥ再興，恢復。ⓝ： ren'ewal.

ren'ounce ⓥ 放棄，拒絕。ⓝ： re- nunci'ation.

r'enovate ⓥⓣ 革 新，恢 復。ⓝ： renovation.

reo'rient, reo'rient'ate ⓥ 適應新環 境，再教育。

rep'atriate ⓝⓥ 遣送回國（者）。

rep'el ⓥ 反駁，拒絕。ⓝ：rep'ulse, rep'ulsion.

repu'gn <ripj'u:n> ：反對，反抗，生厭。

res'cind ⓥ 廢棄，取消。

res'ume ⓥ 取回，恢復，再開始。

res'urge ⓥ 再興，復活。

retr'ieve ⓥⓝ 取回，恢復，補償。

rev'ive ⓥ————ⓝ rev'ival.

172. rect-, recti-：「正，直」之意結合詞。

r'ecta ⓝ ⓟˡ：直腸，ⓢⁱ：rectum. ⓐ：rectal.

rectangle ⓝ 長方形，矩形，直角。ⓐ：rectangular.

rectification ⓝ 改正，改訂，整流，精餾。ⓐ：rectifiable.

rectil'ineal, r'ectil'inear ⓐ 直線的。

rectitude ⓝ 公正，清廉，正確，筆挺。

r'ecto ⓝ 紙的正面，面頁。↔ver-so.

補充：

r'hinal <r'ainəl> ⓝ 鼻的，鼻腔的。 nose ⓝⓥ 鼻，嗅。

rhin'it is <rain'aitis> ⓝ 鼻炎。

rhin'ology ⓝ 鼻科學。

rhinopl'asty ⓝ 鼻整形術。

rh'inoscope ⓝ 鼻鏡

rhin'oscopy ⓝ 檢鼻法。

rheum <ru:m> ⓝ 分泌物（鼻淚等）

rhino, rhin'oceros ⓝ 犀牛。

173. retr-, retro-,：「向後，倒退，追溯」之意。

retr'ace ⓥⁱ：折回，追溯。

'retr'act ⓥ 撤回，取消。

retr'actile ⓐ 伸縮自如的。

r'etral ⓐ 後部的。

retr'eat ⓥⓝ 撤退，取消，隱居。

retroa'ct ⓥ 反動，追溯既往。

retroc'ede ⓥ 歸還，退卻，內攻。

r'etroflex ⓐ 向後彎曲的，後屈的。

retrograd'ationⓝ逆行，倒退。

r'etrogr'essⓥ：後退，退化。

retro-r'ocketⓝ反推進火箭。

retro'rseⓐ逆向，反向的。

r'etrospectⓝⓥ回顧，追憶。

retr'ousse ⓐ Ⓕ 朝上的，向上翹的。

retrov'ertⓥ向後彎曲，後屈。

174. ru-, rur-, rus-：「鄉村」之意。

r'ural <r'uərəl> ⓐ鄉村，田園風味的。

ruralismⓝ鄉村風味。同（'pastoralism 田園情調、牧歌體。）

ruralityⓝ鄉村風味（生活）。

r'uralizeⓥ過田園生活。

r'usset <r'ʌsit>ⓐⓝ鄉村格調的，枯葉色。

rustic ⓐⓝ 鄉村，樸素的，鄉下人。

rusticateⓥ擇居鄉村。

rusticity ⓥ 田園生活，樸素，粗野。

pastoral ⓐⓝ 牧歌，田園（曲，劇）

r'urban ⓐ郊外住宅區。r'us in u'rbe <r'is-m-ə:bi> Ⓛ：市內鄉村。

s'uburb ⓝ 近郊。V'illa ⓝ 別墅 ㊊ Villadom

Villeggiat'uraⓝ鄉居，別墅　Village ⓝ村，村莊，村民。

Villeinⓝ農地。

補充：

rupt, rou, ro：打破，破壞。

interruptⓥ阻斷

disruptⓥ分裂

eruptⓥ爆發

corruptⓐ腐敗

bankruptcyⓝ破產

routⓝ潰退

robⓥ搶奪

S 之部

175. schi-, schizo-：「分裂」之意。
scrib-, script-：手跡，腳本。

sch'izo <ski'tsou>　　　sch'izoid, sch'izophr'enic ⓐ ⓝ 精神分裂症的（人）

s'chism <s'izəm> ⓝ 分裂，分立，分派。

schism'atic ⓐ ⓝ ————.分離論者。

schist <list> ⓝ 片岩。ⓐ : sc'histose, schistous.

sch'izoc'arp ⓝ 分裂果。

sc'hizog'enesis ⓝ 分裂生殖。

sch'izomyc'ete ⓝ 細菌植物。

schizophr'ene ⓝ 精神分裂患者。 schizoph'renia ⓝ 精神分裂症。

schizoph'yte <sk'izəfait> ⓝ 分裂植物。

descr'ibe, inscr'ibe ⓥ , description, inscription ⓝ 記述，銘刻，描繪。

transcribe ⓥ 抄寫，改編。

subscribe 在文件下簽名。

176. seism-, seismo-：「地震」之意接合詞。

seismal <s'aizməl 不清> 。s'eismic ⓐ 有關（地震）的。

seismogram ⓝ 地震圖。

seismograph ⓝ 地震圖。

seismography ⓝ 地震學，地震觀測（法）。seismology ⓝ 地震學。

seismometer ⓝ 地震儀。

s'eismoscope ⓝ 簡易地震計。

177. self-：「自己，自動」之意。

self-c'entered ⓐ, selfhood ⓝ, self-i'nterest ⓝ, selfishness ⓝ, self-love ⓝ 自愛。self-s'eeking ⓐ ⓝ, self-reg'ard ⓝ 自愛。→以上自利、利己主義之意。

self-aggr'andizement ⓝ 自己擴展。

self-ass'ertion ⓝ 自作主張。

self-compl'acence ⓝ 自我陶醉，自沾。

self-conc'eit ⓝ 自負，自大。

self-congratulation ⓝ 自鳴得意，自讚。

self-c'onsequence ⓝ 自尊自大。

self-est'eem ⓝ 自大自負。

self-imp'ortance ⓝ 自負，自尊（心）。

self-op'inionated ⎱ ⓐ 自負，頑固的。
self--op'inioned ⎰

self-pride ⓝ 自尊（心）。

self-rel'iance ⓝ 獨斷獨行，自恃。

self-resp'ect ⓝ 自重，自尊（心）。

self-satisf'action ⓝ 自滿，自負。

self-suff'iciency ⓝ 自足，自負。

self-w'ill ⓝ 任性，固執。

self-ab'andoned ⓐ 自暴自棄的，放縱的。

self-ab'asement ⓝ 自卑，自謙。

self-abh'orrence ⓝ 自我嫌惡。

self-abneg'ation ⓝ 犧牲，克己。

self-absorption ⓝ 熱衷，專心。

self-ab'use ⓝ 自暴自棄，手淫。

self-accusation ⓝ 自責。

self-binder ⓝ 自動割麥機。

self-command ⓝ 自制，克己。

self-communion ⓝ 自省。

self-den'ial ⓝ 克己，忘我。

self-depreciation ⓝ 自卑。

self-effacement ⓝ 謙遜，不出風頭。

self-mastery ⓝ 自制，克己。

self-slaughter ⓝ 自殺。

self-renunciation ⓝ 犧牲，獻身，無我。

self-t'orture ⓝ 苦行，苦修。

self-t'imer ⓝ 自動相機。

self-perpetuating ⓐ 戀棧的。

self-pollination ⓝ 自花受粉。

self-fertiliz'ation ⓝ 自花受精。

self-generation ⓝ 自己生殖。

self-deception ⓝ 自欺。

178. step-：「繼」之意。

stepdame, stepmother：ⓝ繼母。

step dance：腳步為主的舞（如踢踏舞）。

step-down ⓐ降低的↔step-up.

stepl'adder ⓝ腳凳。

st'epney ⓝ備用輪胎。

stepp'arent ⓝ繼父（母）。

st'epping-stone ⓝ踏腳石，手段。

st'epwise ⓐⓓ 逐步。

補充：

stereo-「固，硬，立體」之意。

st'ereo <st'iəriou> ⓐⓝ鉛版，立體音響。

st'ereoch'emistry ⓝ立體化學。

st'ereograph ⓝ立體畫（照）。

stereo'graphy ⓝ立體畫法。

stereo'metry ⓝ體積測定（法）。

stereom'icroscope ⓝ立體顯微鏡。

stereo'pticon ⓝ實體幻燈。

st'ereoscope ⓝ實體鏡。

st'ereotype ⓥⓝⓐ鉛版（印刷），老套。

st'ereotypy ⓝ鉛版印刷術（法）。

179. strato-, strat-,「層，雲層」之意。

strati ⓝⓟⓛ, stratus ⓝⓢⓘ：雲層。

strata ⓝⓟⓛ, stratum ⓝⓢⓘ：層，階層，地層。

stratification ⓝ成層，層化。

str'atify ⓥ—,—.

strat'igrapher ⓝ地層學家。

stratigraphy ⓝ地層（學）。

stratocroiser ⓝ同溫層飛機。

stratoc'umulus ⓝ層積雲。

stratoc'irrus ⓝ層捲雲。

stratovision ⓝ同溫層電視廣播。

stratosphere ⓝ 同溫層，最高層（階段）。

（troposphere ⓝ對流層）

180. sub-：「下，次，亞，下收，副，稍為，半」之意。
在 c.f.g.p.r 前變成 suc-,suf-,sug-,sup-,sur-.
在 m 前，變成 sum-,sub-.
在 s 前，則為 sus-,sub-.

sub'acid ⓐ稍帶酸味（尖刻）的。

subclass ⓝ亞綱。

subf'amily ⓝ亞科。

subg'enus ⓝ亞屬。

subo'rder ⓝ亞目。

subr'egion ⓝ⊕亞區。

s'ubsp'ecies <s'ʌbsp'i:ʃi:z> ⓝ⊕亞種。

suba'gent ⓝ副代理人。

sub'alpine ⓐ亞高山帶的。

s'ub'altern <s'ʌbltən> <səb'ɔːltan> ⓝ次長，副官。

subaqu'atic <s'ʌbəkw'ætik> ⓐ半水生的。

sub'arctic ⓐ近（亞）北極的。

sub'arid ⓐ半乾燥的。

sub'atom ⓝ次原子。

subaud'ition ⓝ絃外之音。

subb'asement ⓝ地下第二層。

subc'ellar ⓝ地下室第二層。

subch'aser ⓝ驅潛艇。

subcomm'ittee ⓝ（委員會下的）委員會。

subc'ontinent ⓝ次大陸。

subc'ontr'act ⓥ ⓝ 轉包契約（承攬）。

subc'ontrary ⓐ ⓝ 小反對（命題）的。

subd'eacon ⓝ副助祭（執事）。

subd'ean ⓝ 副助理監督（助理主教）。

subd'eb ⓝ近十五六少女。

subdec'anal ⓐ副助祭（subd'ean）的。

subdia'conate ⓝ－的職位。

subd'ominant ⓝ次屬音。

sub'entry ⓝ小項目。

subf'uso ⓐ（顏色）稍暗的。

subh'uman ⓐ 近似（低於）人類的。

subjacent ⓐ在下方（基礎）的。

s'ubject ⓥ ⓝ ⓐ 從屬，臣民，主體，主觀。

subjoint ⓝ副關節。

subk'ingdom＝ph'ylum ⓝ門（動植物最高分類）、語系。

subl'ease <sʌbli':s> ⓥ ⓝ 轉租。

sublibrarian ⓝ圖書館副管員。

subl'iminal ⓐ下意識的。

sublingual ⓐ舌下（腺）的。

s'ubmarine ⓥ ⓝ ⓐ 海底，潛水（艇）。

submaxillary ⓐⓝ下顎（的）。

subm'erge, subm'erse ⓥ 浸水，沈浸。

sub'ordinate ⓥⓝ ⓐ居下，下級，次位。

subpr'efect ⓝ副縣長，代警長。

subpr'ior ⓝ修道院副院長。

subrogation ⓝ 代位，更替，轉移。

subside ⓥ下沈，消退。

subs'idiary ⓐ ⓝ 補助，次要，從屬。

subst'ation ⓝ分局（所，台）

s'ubstitute ⓥ ⓝ 代理（人，物），替代。

substr'atosphere ⓝ亞同溫層。

substr'atum ⓝ 下層（土壤），地基。

subt'emperate ⓐ次溫帶的。

subt'enancy ⓝ轉借。

subvar'iety ⓝ亞變種。

s'ubway ⓝ地下鐵（道）。

subt'itle ⓝ副題，旁白。

succed'aneum ⓝ 代用（藥），代理者。

s'uffragan ⓐ ⓝ副主教（監督）。

suppl'ant ⓥ取而代之。

s'upplement ⓥ ⓝ補充，追加。

s'urname ⓝ姓，氏，別號。

s'urrogate ⓝ代理（人，物）。

susp'ect ⓥ ⓝ ⓐ察覺，嫌疑者。

subtr'act ⓥⓣ 減法，扣除。

subterr'anean ⎫
subterraneous ⎭ ⓐ地下，隱藏的。

181. sulf-, sulph-：「含硫磺」之意。

s'ulfate, sulphate ⓥ ⓝ硫酸鹽。

s'ulfid, sulfide, sulphide ⓝ 硫化物。

s'ulfite, sulphite ⓝ亞硫酸鹽。

sulfur, sulphur ⓝ硫磺。

s'ulfurate ⓥⓣ 以硫磺處理，硫化。

s'ulfurator ⓝ硫磺蒸燻器。

s'ulfuret ⓝ硫化物。

s'ulfuret(t)ed
sulf'uric, sulph'uric } ⓐ含硫磺的

s'ulfurcus ⓐ含硫磺的，可怕的。

s'ulfury ⓐ硫磺（一般）的。

s'ulfurous acid 亞硫酸。

sulfurize=sulfurate.

182. super-：「在…之上，再，非常，過度，超…」之意。supra-：「上，超越，前」的意義。

supe <su:p>, supern'umerary ⓐⓝ額外，臨時（人員）。

superint'endent ⓝ長官，局長，部長，校長。

super ⓐ ⓝ 最好，特別，管理（者）。

su'perab'ound ⓥ足夠有餘。

superadd ⓥⓣ 追加，附加。

supera'nnuate ⓥ 落伍，退休（金），老了。

supera'nnua'tion ⓝ退休金，老朽。

sup'erb ⓐ壯麗的。

suprec'alendered ⓐ 特別加工成的。

su'percharge ⓥⓣ 多給，增壓（引擎等）。

superc'ilious ⓐ高傲的。

superdr'eadnought ⓝ 超無畏級戰艦。

superd'uper ⓐ極好的。

super'ego ⓝ超自我，上位自我。

super'eminent ⓐ卓越的。

super'erog'ation ⓝ 額外工作，功德。

superf'amily ⓝ(生)超科。

superf'icial ⓐ 表面，面積，膚淺的。

superf'icies ⓝ———地上權。

superfl'uid ⓐⓝ超流體。

superfl'uity ⓝ額外，過多。

superimp'ose ⓥ放上面，添加。

superind'uce ⓥ 添加，併發（症）。

sup'erior <sjuip'iəriə> ⓐⓝ在上，優勢，長者。

superior Lake.美五大湖之一。

superl'unary, superl'unar ⓐ 月上，天上，世外的。

sup'ernal ⓐ高，在上，天上的。

supern'ova ⓝ超新星。

superph'osphate（～of lime）ⓝ過
　磷酸鹽（過磷酸石灰）

supers'aturate ⓥⓣ 使過度飽和。

supers'onic ⓐⓝ超音波（速）。

supertax ⓝ附加稅。

superv'ention ⓝ併發，附加。

supple ⓐⓥ柔軟，順從。

s'upplement ⓥⓝ補充，追加。

補充：supramundane ⓐ世外的。

supraorbital ⓐ眼窩上的。

---

183. syn-, syl-, sym-, syr-, sys-,
　sy-：「共，合，同　時，類
　似」之意。
　在 l 前作：syl-.
　在 b.m.p.前作：sym-.
　在 r 前作：syr-.
　在 s 前作：sys-,或 sy-.

s'yllabary ⓝ字音表。

s'yllable ⓥⓝ音節，講，說。

s'yllogize ⓥ三段論法。

syll'abify

s'yllabize ⎱ ⓥⓣ 分成音節

syll'abicate ⎰ （讀出）。

syll'epsis ⓝ修一語雙敘法。

symbio'sis ⓝ生：共生，共棲。

s'ymbol ⓝ象徵，符號。

symm'etallism

（bim'etallism） ⎰ ⓝ複本位制。

s'ymmetry ⓝ均衡，對稱。

s'ympathy ⓝ共鳴，同情，融和。

s'ymphony ⓝ交響樂，合唱曲，和
　音。

s'ymphysis ⓝ合生，骨的癒合。

symp'osium ⓝ 宴會，論集，討論
　會。

s'ymptom ⓝ徵候，症狀。

syneresis ⓝ= syn'aeresis ⓝ（二個音
　的）合音

synchro-c'yclotron ⓝ 同步迴旋加
　速器。

s'ynchroflash ⓐ同時閃光的。

synchrom'esh ⓐⓝ齒輪同時咬合裝
　置。

s'ynchronize ⓥ（時間年代上）同時發生。

synchronism ⓥ 同時性，歷史年表。

synchronizer ⓝ同步裝置。

synchroscope ⓝ同步檢定器。

synchrotron ⓝ同步加速器。

s'yncret'ize ⓥ融合，類併。

s'yndicate ⓝ（各種社會組織的）聯合，同盟。

s'yndrome ⓝ併發症。

synecdoche ⓝ提喻法。

s'ynesth'esea ⓝ共感覺，副感覺。

s'yncd ⓝ會議，集會，會合。

s'ynonym ⓝ同義字，類似物。↔ antonym

s'ynthesis ⓝ綜合，接合↔analysis

syntony ⓝⓔ：共振。

s'ystem ⓝ系統，組織，系。

s'yzygy ⓝ 天 會合，朔望。（＝ s'ynod）

T 之部

184. tele-：「遠，電視」之意。

tel'egony ⓝ(生) 感應遺傳。

telekin'esis ⓝ隔傳動，隔地促動。

tel'emetry ⓝ 遙感勘測，自動測量。

tel'epathy ⓝ 精神感應，心心相印。

t'elergy ⓝ精神感應力。

telesth'esia ⓝ 精神感應，心心相印。

t'elecine ⓝ電視電影。

t'elegram, t'elegraph ⓝ電報。

tel'egraphy ⓝ電信（學）。

telel'ecture ⓝ電話授課。

telemech'anics ⓝ遠距離操作。

teleplay, teleth'on ⓝ電視劇。

t'eleran ⓝ雷達航空術。

t'elescope ⓝⓥ望遠鏡，縮短。

t'elevise ⓥ廣播，收視。

t'elevox ⓥ機器人。

t'elex ⓝ雷報（電傳）交換機。

t'eleseme ⓝ電傳叫人裝置。

teleo'logy ⓝ目的論，有目的。

t'elesis ⓝ（有計劃的）達成目標，進步。

185. tetra-：「四」之義結合辭
theo-：「神」的信合辭。

t'etrachord ⓝ四音階，四弦琴。

t'etrad ⓝ四個（一組）。

tetraethyll'ead ⓝ四乙鉛。

t'etragon ⓝ四角形。

tetrah'edron ⓝ四面體。

tetr'alogy ⓝ四部曲（劇）。

tetrameter ⓝ四音步句。

t'etrarch <t'i:tra:k> ⓝ 一州 1/4 領土，小王。

t'etrarchate, t'etrarchy ⓝ 四頭統治。

tetras'yllable ⓝ四音節字。

t'etrode ⓝ四極管。

terr'oxide ⓝ 四氧化物。

th'eism ⓝ 有神論，一神論。

theo'cracy ⓝ 神權政體，神治國。

theo'crasy ⓝ 諸神崇拜，神人融合。

th'eocrat ⓝ 神政者。

theo'dicy ⓝ 自然神學，神正論。

theo'gony ⓝ 神統系譜學，神統記。

theology ⓝ 神學。

theo'phany ⓝ 神的顯現。

theo'sophy ⓝ 接神論（學），神智學。

theo'sophism ⓝ 接神論（學）。

186. therm-, thermo-「熱」的結合辭。

th'ermal ⓐⓝ 熱的，上升暖氣流。

therm'antidote ⓝ 冷氣裝置。

th'ermion ⓝ 熱電子，熱離子。

therm'istor ⓝ 電熱調節器。

therm ⓝ 撒姆（熱量單位）。

th'ermit ⓝ 灼熱劑。

th'ermoch'emistry ⓝ 熱化學。

th'ermodyn'amics ⓝ 熱力學。

th'ermoco'uple ⓝ 熱電偶（一種溫度計）。

th'ermograph ⓝ 溫度記錄器。

therm'ometer ⓝ 溫度計。

therm'ometry ⓝ 溫度測定（法）。

th'ermoscope ⓝ 測溫器。

th'ermostat ⓝ 溫度調節器。

thermog'enesis ⓝ（體內的）生熱作用。

th'ermoj'et ⓝ 熱力噴射發動機。

th'ermopl'astic ⓝⓐ 熱後可塑（物質）。

thermoregulation ⓝ（體內的）溫度調節。

th'ermos ⓝ 熱水瓶。

187. tra-, tans-：「橫貫，貫通，超越，變化，轉移」之意。

trace ⓥⓝ：追蹤，圖樣，計劃，足跡。

trach'ea ⓝ 氣管，導管。
/ki/

tracheo'tomy ⓝ 氣管切開術。

track Ⓝ Ⓥ 跡痕，追蹤，軌道。

tr'ackage=towage Ⓝ 鐵路。

tract Ⓝ 管，道，索，系統，地域。短論。

trade Ⓥ Ⓝ 商業，商議，交易。

tr'affic Ⓥ Ⓝ 交通，交易。

trail Ⓥ Ⓝ 尾隨，足跡，拖曳。

train Ⓝ 列車，縱列，教育訓練。

tr'amroad=tramway Ⓝ 電車（軌道）。

trans'action Ⓝ 交易，處理。

transa'lpine Ⓐ：alpine 那邊的（人）。

transc'end Ⓥ 先驗，超越，凌駕。

transcr'ibe Ⓥ 抄寫，播放。

tr'ansf'er Ⓥ Ⓝ 移轉，換車。

transf'igure ⓋⓉ 變形，變貌。

transf'ix Ⓥ 刺穿，貫穿=transp'ierce.

transf'orm ⓋⓉ 變形，變換。

transf'use ⓋⓉ 移注，注射，輸血。

transgr'ess Ⓥ 越界，違背。

transh'ip=transship ⓋⓉ（車船）轉載。

tr'ansient Ⓐ Ⓝ 短暫，無常的。過客。

transitory Ⓐ=短暫。

transmigrate Ⓥⓘ 移居，轉生，附體。

transill'umination Ⓝ 透視。

transit Ⓥⓘ Ⓝ 橫越，運輸，變遷。

transitive Ⓐ Ⓝ 轉移，及物（v）。

transl'ate Ⓥ 翻譯，解釋，變形。

transliterate ⓋⓉ 字譯，音譯。

transl'ucence Ⓝ 半透明，透明。

transl'unary Ⓐ 月之彼側，夢幻的。

transm'it ⓋⓉ 傳達，遺傳。

transmogrify ⓋⓉ 變形。

transmute ⓋⓉ 變形，變質，變化。

transom Ⓝ 橫檔，橫梁（材）。

transparence Ⓝ 透明（度），簡明。

transp'ire Ⓥ 蒸發，洩漏，排出。

transpontine Ⓐ 橋那邊的。

transp'ort Ⓥ Ⓝ 運輸，流放。

transp'ose Ⓥ 調換。

trans'ude ⓥⓘ 滲出。

transuranic ⓐ超鈾的。

transvalue ⓥⓣ 改變價值觀念。

transv'erse ⓐⓝ橫斷（物）。

transv'es(ti)tism ⓝ性倒錯（者）。

transvestist,-tite ⓝ男扮女裝或女扮男裝者。

traverse ⓥⓝⓐ橫過，遊歷。

188. tre-, tri-, three, ter-：「三」之意。

trey ⓝ（牌上的）三。

tre'ntal ⓝ（天主教為死者）三十日內的彌撒。

triad, trio, triple, -t, -x：三個一組。

tr'ias <tr'aiəs> ⓝ三疊紀。

trib'asic ⓐ三鹽基的。

tribe ⓝ三部族之一，種族。

tr'ibrach <tr'aibræk> ⓝ 三短節音步。

tr'icar, t'ricycle ⓝ三輪車。

tr'icent'enary (t'ercent'enary) ⓐⓝ三百年週年（的）。

tr'iceps ⓝ三頭肌。

tric'erat'ops ⓝ三角恐龍。

tr'ichord ⓝ三絃樂器。

trich'otomy ⓝ三分法，三斷法。

trichrom'atic, tr'ichrome ⓐ 三角的。

tr'icorn(e) ⓐⓝ三角，三角帽。

tric'uspid ⓐⓝ三個尖頭，三尖瓣。

trid'actyl, trid'actylous ⓐ有三指的。

tr'ident ⓐⓝ三叉戰。

trie'nnial ⓐⓝ 三年的，三年一次的。

tr'ifid, tril'obate ⓐ三裂的。

trif'ocal ⓐⓝ三焦點。

trif'oliate, trif'oliolate ⓐ三葉的。

trif'urcate ⓐⓥ三叉（枝，部份）。

tr'igamy ⓝ一夫三妻，一妻三夫，三重婚。

tr'iglot ⓐ用，說三國語言的。

trigon, trilateral ⓝ三角形。

trigonometer ⓝ三角測量（者）。

trigonometry ⓝ三角法。

tr'igram ⓝ(卦)：三字銘，三線形。

tr'igraph ⓝ：三字一音，三重音字。

trihedron ⑩ 三面體。

tril'iteral ⑩ⓐ 三個字組成。

trilobite ⑩：三葉蟲。

tr'ilogy ⑩ 三部曲（劇，作）。

trimar'an ⑩ 三船體並列遊艇。
（catamaran ⑩ 筏，雙船身遊艇。
潑婦）

trimester ⑩ 三 個 月，三 學 期
（制）。

tr'imeter ⑩ⓐ 三音步的（詩）。

trim'etrogon ⑩ 三相機航空攝影
法。

tr'inal, trinary, trine ⓐ 三倍（重，
部）。

Three in One. One in Three.

Trine ⓐ⑩ 三個一組。

Trinitarian ⓐ⑩

trinity=Trinity Sunday

triplicity ⑩ 三倍（重）。

triunity ⑩

三位一體

tritheism⑩三位異體說，三神論。

trin'omial, trin'ominal ⓐⓐ 三項式。

trio'xide,-id ⑩ 三氧化物。

tripartite ⓐ 三部份組成的。

triph'ibian, triph'ibious ⓐⓝ 三軍聯
戰（指揮官）。

tr'iphthony ⑩ 三重母音。

triplane ⑩ 三翼飛機。

t'riploid ⓐ 三倍性的。

tr'ipod ⑩ 三腳架（台）。

tr'iptych <tr'iptik> ⑩ 三幅一聯。

tr'ireme ⑩希 三層槳戰船。（參：
bireme,quadrireme,quinque-
reme）.

tris'yllable⑩三音節字。（參：di-
syllable,monosyllable.）

tr'itium⑩氚，三重氫。

tri'ton⑩氚核，三重氫核。

triu'mvirate ⓥ 三人執政，三頭統
治。

triu'mvir⑩古 三執政官之一。

triv'alence,-cy⑩化 三價。

tr'ivet⑩三腳鐵架。

tr'izone, Tr'izonia ⑩（西德的）三
國佔領區。

t'ercet⑩三行聯句（音，拍）。

tern, ternary, ternate ⓐ 三個（一

組）。

t'ertian <t'ə：ʃən>ⓐⓝ每隔三日。

t'ertiary ⓐⓝ 第三（位，紀，層）
　的。

t'ertiumquid ⓝ 第三者，（兩者
　的）中間物。

t'ertiusⓐ（三人中的）第三個（年
　紀）。

（參：primus, secundus, quar-
　tus）.

tertius g'audens 漁翁得利的第三
　者。

three bagger. three-base hit：三壘
　打。

three-bottleⓐ海量的。

three-D. 3-D. ⓐⓝ 三次元，立體
　的。

three-deckerⓝ三層甲板船。

three-masterⓝ三桅船。

three-mile limit 領海。

three-pieceⓐⓝ三件一套。

three-plyⓐⓝ三重（服，層）。

three-point landing 三點降落。

three scoreⓐⓝ六十歲（的）。

three someⓝ三人一組。

**189. tribo-「摩擦」之意結合
辭。**
turbo-「渦輪」之意結合辭。

triboel'ectr'icityⓝ摩擦電。

trib'ologyⓝ摩擦學。

tribol'umin'escenceⓝ摩擦發光。

trib'ometerⓝ摩擦計。

t'urbineⓝ渦輪。

t'urbinateⓐ倒圓錐形，螺旋形的。

turb'idity ⓝ 混濁，混亂。ⓐ：t'ur-
　bid.

t'urbog'eneratorⓝ渦輪式發電機。

t'urboj'et e'ngine 渦輪式噴射推進
　器（引擎）。

t'urbopr'op e'ngine 渦輪推進引
　擎。

t'urbulence, -cyⓝ亂流，喧囂。

**190. twa-, twe-, twi-：「二，
雙」之義。**

tw'eedledam and tw'eedled'ee 兩個
　相似難別的人（物）。

twain ⓐ ⓝ 二（的），兩個
　（的）。

'tween prop ：=between=betwixt.

twenty-fo'urmo, 24mo ⓝ 24　開
（書）。

twice ⓐⓓ 兩次，兩倍。

tw'ice-told ⓐ 說過兩次，陳腐的。

twin, twinborn ⓐⓝ 孿生子（的）。

two bagger 二壘打。

two-edged, double edged, two-fac-
ed,double faced ⓐ 兩刃的。

double-dealer ⓝ 有二心，不誠之
人。

double-dealing ⓐⓝ——.

two-sided ⓐ 兩面，二心的。

two-fisted ⓐ 能用雙拳，強壯的。

two-line ⓐ 加倍大的。

twoness ⓝ 為二，二重性。

two-ply ⓐ 雙重（層，股）的。

twosome ⓝ 兩人一組，雙人賽。

two-spot ⓝ 兩分的牌。

two-step ⓝ 兩步舞，兩步滑行。

two-time ⓐⓥ 兩次，背叛（愛人
間）。

two-tone ⓐ 兩顏色的。

two-tongued ⓐ 假的，說謊的。

double-cross ⓥ 私通，出賣。

double-park ⓥ 並排停車。

191. typ-, type-, typo-：「型，式，版，鉛字」之意。

type ⓥⓝ 典型，記號，鉛字。

t'ypecast ⓥⓣ 型象與角色的配合。

typefo'under ⓝ 鉛字鑄工（者）。

typefo'undry ⓝ 鉛字鑄造廠。

type metal 鉛字合金。

typescript, t'yposcript ⓝ 打字文
件。

typeset ⓥⓣ 排版。

ty'pewrite ⓥⓣ 打字。

typewriter, typist ⓝ 打字機。

ty'pical ⓐ 典型，代表，象徵的。

typific'ation ⓝ 代表，象徵，預
示。

t'ypify ⓥⓣ 代表，象徵，預示。

typing ⓝ 打字。

typo'grapher ⓝ 排字工，印刷者。

typo'logy ⓝ 類型學，印刷學，預
示論。

U之部

192. ultimo-, ultra-：「極端，超，過，限外」之意↔cis-

ultima ⓐⓝ最後，最遠。

ultimata ⓝⓟⓛ
ultimatum ⓝⓢⓘ 最後通牒(結論)。

ultimateⓐⓝ基本，究極（之物）。

ultimo ⓐ上月的。

u'ltra ⓐⓝ過激（論者）。

ultrac'entrif'uge ⓥⓣⓝ用超高速離心器。

ultracons'ervative ⓐⓝ 極保守主義（者）。

ultrafax ⓝ超高速影印電傳。

ultrahigh frequency 超高頻率。

ultraism ⓝ激進論。

ultramarine ⓐⓝ海外的，深藍色。

ultram'icroscope ⓝ超顯微鏡。

ultram'ontane ⓐⓝ山那邊，教皇絕對權力。

ultramundane ⓐ 世界之外，陰間的。

ultrar'ed, infrared ⓐ紅外線的。

ultrasonic=supers'onic ⓐⓝ，超音波。

ultratr'opical ⓐ 熱帶圈外，過熱帶的。

ultrav'iolet ⓐ紫外線的。

'ultra v'ires ⓐⓓ ⓐ Ⓛ 越權。

ultrav'irus ⓝ過濾體，過濾毒。

193. under-：「下，劣，次位，較少，不充份」之意。

under'act, underpl'ay ⓥ 未盡力演出。

underb'elly ⓝ下腹部。

undercharge, underquote, undersell, -bid, -buy. ⓥ低於常價。

underbrush,-growth（發育不足）, u'nderwood ⓝ叢林。

underc'arriage ⓝ 車盤，著陸裝置。

underclassman ⓝ 大學一二年級生。

undercliff ⓝ副崖。

underg'arment,-l'inen, -pinning（支撐）,-shirt（汗衫）, -vest, -wear. ⓝ內衣。

underc'over ⓐ秘密從事的。

undercroft ⓝ圓頂地下室。

underc'urrent,-set ⓝ暗流。

underdo ⓥ嫩煮（烤），未盡力。

underdog ⓝ鬥敗的狗，敗北者。

underexp'ose ⓥⓣ 感光不足。

underlap ⓥⓣ 從下面露出。

underlay ⓥⓝ放下面，支撐（物）。

u'nderlease, sublease：ⓝ轉租，轉借。

underling ⓝ部下，下屬。

u'nderm'ine ⓥⓣ 掘下面，毀壞根本。

underpants ⓝⓟⓛ 內褲，襯褲。

underplot ⓝ插話，穿插，詭計。

underproof ⓐ酒精含量標準以下。（proof spirit 標準酒精含量）

underprop ⓥⓣ 支撐（援）。

underrate ⓥⓣ 代估，看輕↔cverrate.

undersecretary ⓝ次長。

undersheriff ⓝ sh'eriff（州長）的代理。

undershoot ⓥⓣ 過早著陸。

undermanned-st'affed ⓐ 人手不足的。

understate ⓥⓣ 保守地說。

understock ⓥⓣ 存貨不足。

underst'udy ⓥⓝ見習，臨時替角。

under-the-c'ounter ⓐ秘密交易，不法的。

undertone ⓝ低音，暗底。

underwaist ⓝ（馬甲下的）胸衣，（小孩）內衣。

underwing ⓝ後翅。

underwork ⓥⓘ 未盡力，雜務，根基。

underworld ⓝ 下界，塵世，黃泉。

194. uni-：「一，單，合」之義。

'uniat, 'uniate：ⓝ聯合東方天主教徒。

'uniax'ial <i'u:ni'æksiəl> ⓐ單軸的。

unic'ameral ⓐ一院（制）的。

unic'ellular ⓐ單細胞的。

'unicorn ⓝ獨角獸。

unic'ycle ⓝ單輪腳踏車。

unification ⓝ, unif'ormity ⓝ, ⓥⓣ：' unify, 'unity ⓝ, ⓥ：un'ite, ⓐ-d 統一，一致。

unifl'orous ⓐ開單花的。

unif'oliate ⓐ單葉的。

'uniform ⓐⓝ齊一，固定。制服。

'unif'ormit'arian ⓐⓝ均一的，天律不變論者。

'unif'ormit'arianism ⓝ 天律不變論。

unil'ateral ⓐ單方面的。

unil'ateral'ism ⓝ 片面限制武器論。

unil'ingual ⓐ統一使用一種語言。

'union ⓝ 聯合，結合，公（工）會，協會。

'unionism ⓝ工會主義（聯合，聯邦主義）。

un'iparous ⓐ只產一卵（子）的。

'unipot ⓝ獨腳架。

'unique ⓐⓝ 唯一，獨特的（人，事，物）。

'unisex ⓐ男女兩用的。

'unison ⓝ調和，一致，同音。

un'isonant, unisonous ⓐ— — —.

'unit ⓝ單位，單元，一個。

'unitage ⓝ單位量。

unitarian, 'unitary ⓐⓝ一神，一元論（者）。

'univalve ⓐⓝ 單瓣，單殼的（動物）。

univ'ersal ⓐⓝ普遍的，全稱命題，一般既念。

univers'ality, univ'ersalism ⓝ 普遍性。

universalize ⓥⓣ 普及。

'universe ⓝ宇宙，萬物。

univ'ersity ⓝ綜合大學，大學。

'univ'ocal ⓐ單一意思的。

195. up-：「向上，前進」之意。

up-and-coming @ 敏捷，進取。

'upb'oat @ⓝ 復甦，上升。

upbl'aze ⓥⓘ 燃燒起來。

upb'orne @ 被舉起的。

upbow ⓝ 上弓。

upbr'aid ⓥt 譴責，申斥。

upc'ast ⓥ@ⓝ 上拋（物）。

upc'ountry @ⓐⓓⓝ 內陸，內地。

updr'aft ⓝ 上升氣流。

upend ⓥ 倒立，豎直。

uph'eaval ⓝ 舉起，變亂。ⓥ：
    uph'eave.

upho'lster ⓥt 裝上布套。

uppert'endom ⓝ 上流社會。

'uppish=u'ppity @ 高傲的=upst'age.

upro'ot ⓥt 拔根，絕滅。

upstart @ⓝ 暴發戶。

ups'urge ⓥⓝ 湧起，高潮。

'upsweep ⓝ 向上彎曲。

upt'ilt ⓥt 向上，向上傾斜。

'uptrend ⓝ 上昇趨勢。

upw'ind @ⓐⓓ 逆風的。

196. urb-：「都市」之意。

u'rban @ 都市的。

urb'ane @ 都市式的（有禮，文雅的）。

u'rban'ise=u'rbanize ⓥ 成都市式的。

urbanism ⓝ 都市生活（研究）。

u'rbanite ⓝ 都市人。

urbanity ⓝ 都市風格，文雅。

197. ur-, uro-：「尿」之意。

uremia, ur'aemia ⓝ ⎫
uremic, uraemic @ ⎭ 尿毒症。

ureter ⓝ 尿管。urethra ⓝ 尿道。

'urea <j'uəriə> ⓝ 尿素。resin ⓝ 脂。

urea-formaldeh'yde resin=urea re-
    sin

'uric @ 尿的。u'rinal ⓝ 尿壺。

urinalysis ⓝ 尿分析，檢尿。

urinary @ⓝ 尿的，小便所。

urinate ⓥⓘ 小便。ⓝ：urination.

urine ⓝ 小便，尿。

urology ⓝ 泌尿科學。

urogenital @ 泌尿生殖器的。

enur'esis ⓝ 遺尿（病），尿牀。

V 之部

198. vari-, vario-：「變化，多樣」之意。

variable ⓐⓝ 易變的（物）。ⓝ：
　　variab'ility

variant ⓐⓝ 種種（變體）。ⓝ：
　　v'ariance

variational ⓐ 變異的。ⓝ：variation

varieg'ation ⓝ 彩色，雜色。
　　　　　ⓥ：variegate, ⓐ：-d.

var'iety ⓝ 多樣，異種，雜耍（＝
　　vaudeville）
　　　　　ⓐ：var'ietal, various, var-
　　ied.
　　　　　ⓥ：vary, ⓐ：variform.

varioc'oupler ⓝ 可變結合器。

var'iola=smallpox ⓝ 天花，痘症。

varicloid ⓐⓝ 假性天花。

vario'meter=declinometer ⓝ 可變電
　　感器。

variorum ⓐⓝ 諸家集註（本）。

199. vermi-：「蟲」的結合辭。

v'ermicide, v'ermifuge ⓝ 殺蟲劑。

v'ermic'elli ⓝ 細洋麵條（比 spa-
　　ghetti 更細的麵類）。

v'ermin ⓝ 有害的小動物，歹徒。

v'erminous ⓐ 生蟲的，卑鄙的。
　　ⓝ：vermin'osis：寄生蟲病。

verm'icular ⓐ 蠕蟲的，蟲蛀形
　　的。=verm'icul'ated.

verm'iculate ⓐⓥ 蟲蛀的，用蟲跡形
　　裝飾。ⓝ：vermiculation.——
　　蠕動。

verm'iculite ⓝ礦：蛭石。

v'ermiform ⓐ 蠕蟲狀的。

v'ermiform app'endix. c'aecum.
　　c'ecum.app'endix.blind gut：盲
　　腸。

補充：

worm ⓝ（無足的）蟲。

i'nsect ⓝ（有足的）昆蟲。

200. vice-：「副，代理，次」之意。
vitri-：「玻璃」之意。

vice ⓝ 副會長。（另：惡德，壞蛋，vise）

vice admiral 海軍中將。

vice-chairman ⓝ 副會長（議長等）。

vice-c'onsul ⓝ 副領事。

vicegerent ⓐⓝ 代理（人）。

vice-governor ⓝ 副省長（總督）。

vice-principal ⓝ 副校長。

vice-r'egent ⓐⓝ 副攝政。

vicer'egal ⓐ 副王（總督，太守）ⓝ：v'iceroy

vicereine ⓝ 副王夫人。

vicar．vicar-general ⓝ 代理（主教）

vitr'escence, vitrif'action, vitrific'ation 玻璃質化，透明化（物）。

v'itreous, 'vitric, 'vitrifiable, 'vitriform：ⓐ——。

vitrify ⓥ——。

'vitriol=cil of vitriol：硫酸鹽，礬類。

vitriolic ⓐ——。ⓥ：v'itriclize.

vitric ⓐ 玻璃質的。

vitreous ⓐ 玻璃的。

vitrification ⓝ 玻璃化物。

補充：

vid-, vis-：看，視；voc-, vok-：聲音，叫

volv-, volut-：滾，輕變。

video ⓝ / television：電視

vision ⓝ 視力，想像力。

'evident ⓐ 明顯，顯然。

'evidence ⓝ 證明（人），證據。

revolt ⓥⓝ 叛亂。

evolve ⓥ / evolution ⓝ：改革，進化，引出。

involve ⓥ 牽涉，陷於。

revolve ⓥ / revolution：轉變，革命。

evoke ⓥ 喚起，逼人。

'advocate ⓥⓝ 辯護，主張（者）

invoke ⓥ
invocation ⓝ ｝祈求，援引法律。

pro'voke ⓥ
provocation ｝憤怒。

revoke ⓥ
revocation ⓝ ｝逆轉，刪去。

vocabulary 字彙。

vocation 職業，使命。

avocation 副業，嗜好。

W.X.Y.Z 之部

201.　　with-：「對，向，離，逆，反對」之義。
xanth-, xantho-：「黃色」之義。

withdr'awal ⓝ 退出，取回。ⓥ：
　　withdr'aw

'wither <w'iðə> ⓥ 衰退，凋謝。

w'ithersh'ins ⓐⓓ 逆向，反向。

withh'old ⓥ 壓制，扣留。

withst'and ⓥ 抵抗，反抗。

x'anthate <z'ænθeit> n 黃酸鹽。

x'anthin(e) ⓝ 黃色色素。ⓐ：x'an-
　　thic

x'anthin, x'anthine ⓝ黃色色素。

x'anthophyl(l) ⓝ 黃色色素，葉黃
　　質。

xanth'ochroi ⓝ黃白種（如高加索
　　人種）。

x'anthous ⓐ 黃色（人種），蒙古
　　人種的。

202. xiphi-, xipho-：「劍」的結合詞。
xyl-：「木」的結合詞。

x'iphoid <zifɔid>ⓐⓝ劍狀。

x'ylan <z'ailæn>=woodgumⓝ樹膠
　　質，樹脂。

x'ylem, 'xylogenⓝ木質部。

x'ylene, 'xylolⓝ二甲苯

x'ylocarpⓝ硬木質果（樹）。ⓐ：-
　　ous.

x'ylographⓝ木板（畫，印刷）。

xylography ⓝ 木版術（印刷
　　法）。

xyl'ophagous, xylotomousⓐ（蟲）
　　蝕木的。

x'ylophoneⓝ木琴。

xyloseⓝ木糖。

203. zoo-「動物」之意：動物園。

zoo'gamyⓝ有性（兩性）生殖。

z'oogl'(o)ea ⓝ 菌膠團。

zo'ography ⓝ 動物誌學。

z'ooid ⓐⓝ 動物性的，芽蟲。

zoo'latry ⓝ 動物崇拜。-ter：
（者）。

z'oolite ⓝ 化石動物。

zoo'logy ⓝ 動物學。

z'oom'agnetism ⓝ 動物磁氣。

z'oomancy ⓝ 動物占卜。

z'oom'orphism ⓝ 動物形象。

z'oon ⓝ ⓢⓘ 動物，ⓟⓛ：z'oa

z'oon'osis ⓝ 動物病。

zoo'philous ⓐ（種子）由小動物傳
播的。

z'oophyte ⓝ 植蟲類。ⓐ：z'ooph'ytic.

zoophyt'ology ⓝ 植蟲學。

z'ooph'ysics ⓝ 動物構造學。

z'ooplasty ⓝ 動物組織移植術。

z'oopsych'ology ⓝ 動物心理學。

z'oosperm ⓝ 精蟲，精子。

z'oospore ⓝ 游走子。s'emen：精
液。

z'ootaxy ⓝ 動物分類學。

zoo'tomy ⓝ 動物解剖（學）。

z'oic ⓐ 動物的，有生物遺跡的。

204. zym-, zymo-：「酵母之義」。

z'ymase <z'nimeis> ⓝ 變酒酵素，
酶。

zyme, enzyme ⓝ 酵素=e'nzym

z'ymogen ⓝ 酵素原，發酵菌。ⓐ：
zymogenic, zymotic.

zymology ⓝ 發酵學（論），
z'ymurgy ⓝ 釀造學。

zym'ometer, zymos'imeter ⓝ 發酵
計。

zym'osis ⓝ 發酵（作用）。酵性病
（=zymctic disease 傷寒，天花
等舊名）

zymotechnics ⓝ 發酵法，釀造法。

補足：yeast <ji:st> ⓝ 麴，酵母
（菌，粉），引起變化之物。
ⓐ：yeasty.

y'eastiness ⓝ 發酵，不安。yeast-
powder ⓝ 發粉。

zzz 打鼾的聲音。